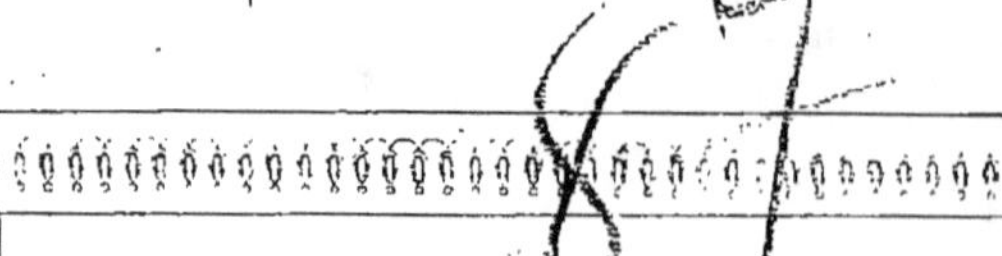

LA FRANCE TRANSATLANTIQUE

LE CANADA

PAR

SYLVA CLAPIN

Rédacteur au *Monde* de Montréal (Canada)

Ouvrage enrichi de gravures et d'une carte.

PARIS

LIBRAIRIE PLON

E. PLON, NOURRIT ET Cⁱᵉ, IMPRIMEURS-ÉDITEURS
RUE GARANCIÈRE, 10

1885

Tous droits réservés

LE CANADA

Pendant qu'à l'Océan la Moselle allemande
Porte encore les pleurs qu'à Sedan tu versais,
Pendant que le Germain sur le Rhin seul commande,
Le Saint-Laurent fidèle est demeuré français.

M. J. A. Poisson, *les Deux Frances.*

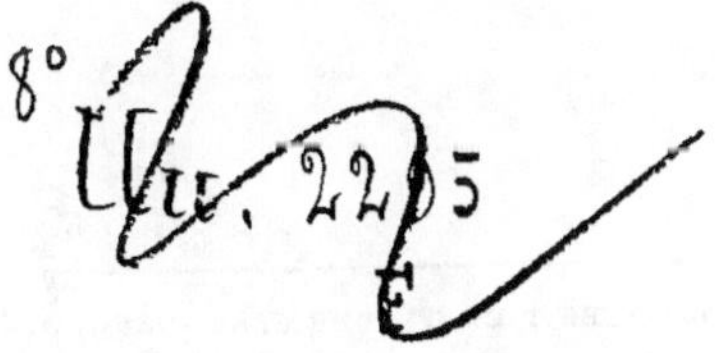

L'auteur et les éditeurs déclarent réserver leurs droits de traduction et de reproduction à l'étranger.

Ce volume a été déposé au ministère de l'intérieur (section de la librairie) en janvier 1885.

PARIS. TYPOGRAPHIE E. PLON, NOURRIT ET Cie, RUE GARANCIÈRE, 8.

LA FRANCE TRANSATLANTIQUE

LE CANADA

PAR

SYLVA CLAPIN

Rédacteur au *Monde* de Montréal (Canada).

Ouvrage enrichi de gravures et d'une carte.

PARIS

LIBRAIRIE PLON

E. PLON, NOURRIT ET C\ie, IMPRIMEURS-ÉDITEURS

RUE GARANCIÈRE, 10

1885

Tous droits réservés

VUE DE LA TERRASSE DE QUÉBEC

LE CANADA

CHAPITRE PREMIER

BELLE-ISLE ET LABRADOR.

L'entrée de l'Amérique française. —Défilé des icebergs.—
Effet de bourrasque. — Les premiers explorateurs du Labrador. — Un pays à découvrir. — Ce qu'en pense un
voyageur français. —Tout à la pêche et à la chasse. — Le
canard-eider.—Les animaux à fourrure.—Les chiens du
Labrador. — Les concerts au village. — Le cométique.
— Les voyages en hiver. — Les fouetteurs. — Ce qu'il
advint d'un Yankee trop incrédule. — Les charmes du
Labrador. — Le climat.

Les approches du Canada, par l'Atlantique,
sont bien gardées.

Devant Belle-Isle, qui marque l'entrée du détroit de même nom, conduisant au golfe Saint-
Laurent, le grand courant arctique promène ma-
jestueusement, jusque fort avant dans la saison
d'été, les énormes glaçons arrachés, chaque
année lors de la débâcle, à la mer de Baffin. C'est

parfois, pendant de longs jours et de longues nuits, un défilé ininterrompu, par bandes compactes, d'icebergs gigantesques, venus du pôle et se dirigeant vers le *Gulf-Stream*, où ils vont se dissoudre.

L'admirable spectacle! Sur le bleu froid, comme métallique, du ciel de ces hautes latitudes, les sommets des icebergs se découpent avec une netteté merveilleuse, les uns taillés en clochetons aigus, en créneaux de forteresse, les autres offrant à l'œil ébloui tout un entassement de pyramides cyclopéennes, de tours massives de cathédrales ouvragées avec un art inouï, de blanches colonnades d'une légèreté aérienne se profilant hardiment vers la nue. On dirait les débris, s'en allant à la dérive, de quelque superbe Babylone d'outre-monde écroulée soudain dans nos océans. Et tout cela passe au loin avec des miroitements étranges, de grandes ombres fantastiques courant, sous le jeu de la lumière, des cimes jusqu'aux bases.

C'est dans le détroit de Belle-Isle que s'engagent généralement la plupart des navires d'Eu-

rope à destination de Québec. D'un côté le
Labrador, de l'autre Terre-Neuve, s'estompent
vaguement dans les lointains, avec leurs plages, la
plupart du temps couvertes de neige, et hérissées
de récifs, émergeant à peine d'une nappe de
flots aux tons livides et ardoisés. Aucune trace
d'habitation. Seul, le faible coup de canon d'un
petit fort, saluant les steamers au passage, indique que des hommes sont là, face à face avec
ces mornes et âpres solitudes. Puis le silence
retombe, plus lourd, plus écrasant que jamais.
Là-haut, un soleil pâle et doux, le soleil des
immensités enneigées du Grand Nord.

Une bourrasque, dans ces parages, ne s'oublie plus. Les vents du large accourent terribles, s'engouffrant dans l'étroite impasse
avec des sifflements de fournaise en ébullition.
Ni terre ni ciel, mais de longues traînées de
brouillard tournoyant, s'entre-croisant dans
l'aquilon. La mer bouillonne et fait rage. Parfois
des détonations retentissent, dominant la clameur des éléments déchaînés et produisant, par
tout l'espace, comme un horrible froissement

de choses géantes qui luttent et s'abîment dans les profondeurs : ce sont les icebergs qui s'entre-choquent. La nuit semble le chaos final, absolu, rendu encore plus effroyable par l'éclat intermittent des phares, dont les feux rouges, trouant les ténèbres, s'ouvrent tout là-bas, sur les promontoires, comme des gueules d'enfer.

Aussi les appellations dont les premiers navigateurs du Saint-Laurent se sont plu à qualifier ici les endroits explorés, ont-elles je ne sais quoi de lugubre, qui en dit plus, du reste, sur cette région, que toutes les dissertations géographiques. Tels de ces endroits se nomment la *Pointe-aux-Morts*, la *Baie du Naufrage*, l'*Anse Malheureuse*, la *Baie du Diable*, la *Baie des Trépassés*, etc.

Le détroit de Belle-Isle se rétrécit, à Forteau, jusqu'à une distance de trois lieues seulement entre les deux côtes. Immédiatement après commence le golfe Saint-Laurent proprement dit, dont la largeur du nord au sud, c'est-à-dire du Labrador à la Nouvelle-Écosse, est de plus de cent lieues.

Le Labrador est l'un des pays les plus anciennement connus du continent américain. Dès les treizième et quatorzième siècles, les Danois et les Norwégiens y faisaient la pêche. Plus tard, en 1497, Jean et Sébastien Cabot, cherchant un passage vers les Indes, en reconnurent la partie septentrionale. Puis des pêcheurs basques, normands et bretons y vinrent ensuite en grand nombre. Presque tous se réunissaient dans le port de Brest, situé près de l'embouchure de la rivière Saint-Paul, à proximité même du détroit de Belle-Isle. Telle était alors l'importance de ce rendez-vous que Lewis Roberts, dans son *Dictionnaire du Commerce* imprimé à Londres en 1600, a pu en parler comme étant à cette époque le principal poste de la Nouvelle-France, la résidence d'un gouverneur, d'un aumônier et de plusieurs autres officiers.

Et cependant, en dépit de cette ancienneté, peu de contrées sont aujourd'hui aussi profondément ignorées que le Labrador. Les cartes n'en signalent avec quelque exactitude que le pourtour, et encore en certains endroits laissent-elles beaucoup à désirer. Quant à ce qu'elles mentionnent de l'intérieur, c'est de l'hypothèse toute pure. Les grandes configurations géographiques mêmes, c'est-à-dire les fleuves, les lacs, les montagnes, y sont fort négligées. C'est ainsi, par exemple, que, devant l'Association Scientifique anglaise assemblée à Montréal l'été dernier, on a prouvé avec certitude, à la vive surprise de ces savants, que, sur les cartes, le lac Mistassimi non-seulement était mal indiqué, mais que ses dimensions, qui en réalité dépassent celles de l'Ontario, étaient beaucoup trop réduites. Des missionnaires français, qui pénétrèrent jusqu'au Mistassimi en 1672, avaient dès alors affirmé qu'il ne fallait pas moins de vingt jours de beau temps pour en faire le tour, et les vieux coureurs des bois ont toujours prétendu, de leur côté, que le lac Supérieur peut seul lui être comparé comme étendue.

Ce n'est pas tout. Il résulte à cette heure, de données assez précises, que la péninsule du Labrador possède, en outre du Mistassimi, plusieurs autres grands lacs, véritables mers d'eau douce en tous points comparables à celles qui alimentent le Saint-Laurent. Quels seront les Stanley et les Cameron de ces nouveaux Tanganyika et Albert Nyanza? C'est ce que, avant peu d'années sans doute, il nous sera donné d'apprendre.

Quels que soient ces héros, la tâche qu'ils entreprendront là sera rude, car il ne doit pas avoir tout à fait tort, le préjugé populaire qui veut que le Labrador ait à ses portes comme un autre Minotaure, destiné à dévorer tous ceux qui se présenteront pour en scruter les secrets. A vrai dire, on ne sait pas trop ce qui a valu à tout ce vaste pays un aussi vilain renom. Avez-vous déjà songé cependant à la magie bizarre et curieuse de certaines syllabes, au pouvoir inexplicable de certains mots? Il en est comme Cadix, Tunis, Bagdad, qui suffisent à évoquer devant vous toutes les splendeurs des villes joyeuses d'Orient. D'autres laissent dans l'esprit une impression austère ou tragique. Le mot « Labrador » est un de ceux-ci. Rien qu'à l'entendre, on devine une nature farouche, rebelle au voyageur. Ces trois syllabes ont quelque chose de sinistre, comme l'enveloppement de froides immensités sous la neige qui tombe en silence, la neige impitoyable et belle qui efface, recouvre et comble tout, pour ne plus laisser bientôt qu'une même vaste plaine immaculée.....

Cependant il faut quelque peu en rabattre, et revenir à une idée plus juste et meilleure du Labrador. Si l'on en croit un rapport communiqué tout récemment à plusieurs journaux du Canada par un explorateur français, M. le comte Henri de Puyjalon, ce pays serait loin d'être la terre inhospitalière et stérile que chacun s'imagine. Bien que ce ne soit pas positivement un Éden, il ne laisse pas cependant de présenter sur la presque étendue de ses côtes le long du Golfe, et même jusqu'à Blanc-Sablon, près de Terre-Neuve, un excellent sous-sol argileux, éminemment propre à la culture des graminées du nord telles que avoines, orges, etc. La plupart des légumes et les foins y réussissent aussi très-bien. Les bois de construction et de chauffage y sont abondants, principalement aux environs des rivières et des lacs.

Le Labrador offrirait donc, somme toute, d'après les renseignements fournis par M. de Puyjalon, des ressources suffisantes pour faire vivre à l'aise une population nombreuse, si l'on pouvait seulement déterminer les habitants à se livrer un peu moins à la chasse et à la pêche pour s'occuper davantage d'agriculture. Ces habitants, clair-semés le long du littoral, descendent pour la plupart de familles d'origine française venues des bords du Saint-Laurent, de la Gaspésie, et même de la Nouvelle-Écosse et des îles de la Madeleine.

Néanmoins, la culture du sol devra encore pendant bien longtemps, sur cette terre, céder la place à la chasse et à la pêche, qui sont les deux occupations par excellence des habitants. On connaît déjà l'importance et la grande richesse des pêcheries du golfe Saint-Laurent. Sur les côtes du Labrador, aux espèces purement marines, telles que morue, hareng, maquereau, s'ajoutent, en nombre considérable, les poissons d'espèce mixte et d'eau douce, dont les principaux sont le saumon, la truite, l'anguille, le brochet, le touradis, etc. Depuis quelques années il est devenu de mode, parmi les *sportsmen* fashionables, d'aller passer dans ces parages une partie de la belle saison, et bien souvent lord Dufferin, qui fut gouverneur du Canada jusqu'en 1878, et, plus tard, le marquis de Lorne, tous deux grands pêcheurs devant l'Éternel, y dirigèrent leurs yachts de plaisance.

Quant aux facilités offertes pour la chasse, elles sont telles, que le Labrador mériterait d'être appelé le paradis de tous les Nemrods présents et futurs. Jacques Cartier et les premiers navigateurs parlent avec admiration, dans leurs récits de voyage, de la multitude innombrable d'oiseaux rencontrés sur ces côtes. C'est qu'aussi ils y abondent, principalement dans les hautes régions du pays. Quelques-uns ont une importance industrielle marquée. Parmi les plus estimés il faut citer le huart, le bec-

scie, le crabier, dont les plumages sont très-
recherchés par l'industrie européenne pour la
confection des plumes de luxe, et surtout la
marmette ou canard-eider, dont le duvet et
les œufs sont l'objet de convoitises achar-
nées.

On sait avec quel soin jaloux la Suède, la
Norwége et l'Islande veillent à la conservation
de l'eider, devenu pour ces pays une source
de revenus considérables. L'eider y a acquis
une importance telle que l'on a constitué la
propriété de son nid en succession régulière.
On possède et on lègue à ses enfants cinquante,
soixante ou cent nids d'eiders, et ces sortes
d'héritages sont considérés comme des plus
enviables et des plus fructueux.

Il est à souhaiter que la législature canadienne prenne aussi les moyens de protéger au
plus tôt ce palmipède si précieux, car la chasse
à l'eider a été poussée au Labrador à un point tel,
que l'espèce en est beaucoup diminuée et même
s'éloigne peu à peu des endroits que, de temps
immémorial, elle avait l'habitude de fréquenter.

Ces oiseaux pondent sur des îles isolées, d'aspect sauvage, reconnaissables à une grande distance par la blancheur de leurs falaises. A l'époque de la ponte, des goëlettes y accourent de tous les points de l'horizon, et les déprédations commencent. Certains industriels des États-Unis se distinguent surtout par leur ardeur au pillage des nids : ce qui s'explique d'ailleurs facilement par la grande faveur dont jouissent les œufs de marmette sur les marchés américains et les énormes bénéfices que leur commerce permet de réaliser en très-peu de temps.

Il y a nombre d'animaux à fourrure au Labrador, tous renommés pour leur beauté et leur valeur; entre autres, le renard argenté et le renard noir, dont les peaux sont cotées partout à des prix fabuleux; puis la martre, la loutre, le vison. Autrefois, l'ours blanc se montrait souvent sur la côte, mais il ne se rencontre plus aujourd'hui que très au nord, aux environs de la baie d'Hudson. Les ours noirs, par contre, sont encore assez nombreux, et on leur fait la guerre, non-seulement pour leur peau, mais encore pour leur chair, qui est tendre et vaut celle du bœuf. Pourtant, les chasseurs n'aiment pas le voisinage de l'ours noir, cet animal, de nature égrillarde, qui se plaît parfois à leur jouer toutes sortes de mauvais tours, comme d'entrer à l'improviste chez eux, durant leur absence, pour y piller et saccager à son aise. On en a même vu qui, dans ces occasions, non contents de dévorer les provisions, poussaient le sans gêne jusqu'à emporter dans les bois, en déguerpissant, tous les vêtements qu'ils trouvaient dans les huttes.

Mais l'animal sans contredit le plus utile du Labrador est le chien esquimau. En effet, sans ces chiens qui tiennent lieu de chevaux dans les voyages et pour les charrois, le pays serait inhabitable durant l'hiver. Dans les postes de pêche, chaque famille possède ordinairement huit ou dix de ces animaux qui, durant l'été, ne font pas autre chose que manger, se quereller et dormir. Mais advenant la saison des glaces, ce doux *farniente* cesse tout aussitôt pour eux et est remplacé par une existence de peines et de misères.

Le vrai chien du Labrador est de forte taille, à robe blanche avec quelques taches noires. Il a le poil long, les oreilles pointues, la queue touffue et relevée. Chose bizarre, il n'aboie jamais, se contentant seulement de pousser des cris courts et étouffés. Mais, en revanche, quels hurlements! Chaque soir, autour des maisons, c'est un concert comme jamais imagination de faubourien de Constantinople n'en a certes pu concevoir.

Dès que les étoiles commencent à poindre au ciel, un vieux dogue à voix de basse-taille attaque les premières notes de l'ouverture. Puis, un à un, les autres chiens de la troupe font chorus. Bientôt après, c'est le voisinage et le village tout entiers. Les hurlements se suivent alors, jusque fort avant dans la nuit, avec une énergie et une persistance dignes de ces fameux chiens fantastiques, jadis chantés par Ossian. Les gens du pays, paraît-il, ne sont en rien incommodés par ce tapage infernal, et continuent à dormir imperturbablement du sommeil des justes.

Du reste, ils éprouveraient quelques tourments, qu'ils n'en pardonneraient pas moins vite à leurs chiens, à cause des immenses services que ceux-ci rendent durant l'hiver. En été, les voyages se font par mer, le long des côtes. Mais quand arrive décembre, c'est le chien attelé au « cométique » qui devient le seul moyen de locomotion. Six ou sept de ces animaux, traînant trois personnes, peuvent alors franchir jusqu'à vingt et vingt-cinq lieues par jour, en courant sur la surface des baies et des passes, gelées en cette saison sur une largeur de trois à quatre lieues.

Le cométique est un traîneau large d'environ quatre-vingts centimètres, long de trois à quatre mètres, et dont l'originalité consiste en ce que les patins sont formés par des os de baleine, en guise de tiges d'acier, d'une épaisseur d'un centimètre et demi. On choisit pour cela les mâchoires, dont on scie les os dans leur longueur. Ceux-ci, une fois préparés, deviennent polis comme l'ivoire et permettent au véhicule auquel ils ont été adaptés de glisser avec facilité.

Le cométique aussitôt garni de ses fourrures de voyage, on y attelle, à une distance d'environ quinze à dix-huit mètres, un premier chien d'une intelligence éprouvée, appelé chien-guide. Les autres sont rangés derrière lui de manière à ne pas l'embarrasser. Puis, à un claquement du long fouet du conducteur, tous s'élancent en avant avec ardeur. C'est merveille alors de voir avec quelle sagacité le chien-cicerone s'acquitte de l'importante fonction qui lui a été dévolue. Sur un simple mot d'ordre, il se porte alternativement à gauche et à droite, forçant ses compagnons à le suivre. Dans les tempêtes, quand tout autour la *poudrerie* — le simoun de ces latitudes — fait rage, et que la vue ne distingue absolument plus rien, le voyageur s'en rapporte généralement à son chien-guide, qui lui fait reconnaître son chemin ou le conduit à l'habitation la plus

voisine. Il doit bien se garder alors de l'impor-
tuner par des ordres ou par des coups, qui ne
serviraient à rien, ou plutôt gâteraient tout. A
la vérité, on peut presque toujours attribuer
la plupart des accidents survenus au Labrador,
durant les voyages d'hiver, à l'inexpérience
ou à la mauvaise humeur des conducteurs qui
ont gourmandé leurs attelages mal à propos.

Le fouet dont on se sert au Labrador mérite ici une mention spéciale. A côté de ce
fouet, le *cat o'nine tails* des Anglais et le *knout*
des Russes ne sont que jouets d'enfants. Un bon
fouet, dans ce pays, doit avoir une longueur de
vingt à vingt-cinq mètres, et il est attaché à
un manche minuscule d'environ vingt centimètres. En voyage, on le laisse traîner sur la
neige en arrière du cométique. Il faut beaucoup
d'expérience pour manier ce fouet, son énorme
longueur constituant un embarras sérieux dans
les commencements. Mais une fois les difficultés de l'apprentissage surmontées, on ne tarde
pas à s'apercevoir qu'on a dans les mains
une arme des plus formidables. Un conduc-

teur, qui en a l'habitude, peut facilement aller toucher du bout de son fouet, à quinze ou vingt mètres en avant, le chien paresseux dont il veut réveiller l'énergie; ce qui ne manque jamais son effet, les claquements de la terrible lanière produisant dans l'air un son si éclatant que l'animal le plus endormi en tressaute d'épouvante, et qu'il se met à courir comme si des gamins lui eussent attaché une casserole à la queue. Si redoutable même est le fouet du Labrador, qu'un seul coup bien appliqué, et lancé de loin, couperait littéralement un chien en deux.

Il est, dans le pays, nombre de gens réputés pour leur habileté dans l'art de manier ce fouet. M. l'abbé Ferland — prêtre canadien et historien d'un grand mérite, qui a résumé ses voyages au Labrador dans un intéressant opuscule — cite un de ces hommes qui lui a fourni le sujet d'une anecdote fort amusante. C'était un nommé Bill, dans les veines duquel coulait un peu de sang esquimau, et dont l'adresse était telle, que du bout de son fouet il

enlevait, à vingt mètres, le goulot d'une bouteille sur une ligne tracée d'avance. Un long et
maigre Yankee, que les lauriers de Bill empê-
chaient de dormir, voulut un jour lui disputer
ses titres de gloire. Nous laissons ici la parole à
l'abbé Ferland :

« Pour une bouteille de rhum, nous raconte-
t-on, le Yankee s'offrit à recevoir deux coups
de fouet de la main du célèbre claqueur. Par
une sage précaution, cependant, il avait garni
son homme inférieur de deux paires de caleçons et d'un pareil nombre de pantalons. Se
confiant dans son bouclier et dans la maigreur
de sa propre charpente, il se met bravement
en position à cinquante pieds. Le fouet est
lancé par Bill avec une nonchalance de métis,
et va effleurer, sur la personne du Yankee, la
partie vouée à l'épreuve, enlevant une étroite
lisière des pantalons, des caleçons et de ce qui
se trouvait de chairs et de nerfs dans la région
voisine. Un cri aigu et nasal répond au claquement du fouet, et les deux mains du patient
se pressent pour sonder la profondeur de la

plaie et réparer les brèches faites à la place. Sur la proposition de recevoir le second coup de fouet, il renonce généreusement à la bouteille de rhum, remarquant avec beaucoup d'à-propos : — *Well I guess I would be too leaky to hold liquor, if you were to strike me again*[1]. »

Selon toute probabilité, bien peu d'années s'écouleront maintenant avant que les deux cents lieues de côtes du Labrador, depuis l'embouchure du Saint-Laurent jusqu'à Terre-Neuve, soient devenues le siége d'établissements nombreux et florissants. La nature, sans doute, se montre plus revêche, sous ces hautes latitudes, que dans les régions plus favorisées du Sud. Mais grâce au système des compensations, c'est une règle que, sur quelque point isolé du globe que ce soit, il se trouve des avantages qui en contre-balancent les misères. Le Labrador, aussi, a ses charmes, non-seule-

---

[1] Ah bien, j'ai tout lieu de croire que je deviendrais une détestable barrique à liqueur, si vous deviez me frapper de nouveau.

ment pour ceux qui y sont nés, mais encore pour le voyageur qui ne fait qu'y passer quelque temps. La mer, avec l'abondance de son gibier et la richesse de ses pêcheries, avec ses séductions, ses brusqueries, ses calmes et ses tempêtes; les pâles aurores, blanchissant les falaises; les mélancoliques couchers de soleil dorant les cimes des pins, alors que tout autour la *brunante* — crépuscule — commence à estomper les objets; puis, au loin, toujours plus loin, l'espace, la solitude, la liberté, avec les chasses aventureuses et l'attrait de l'inconnu! Ce sont là, certes, autant de jouissances dont un grand nombre se montrent friands, et qu'ils abandonnent difficilement quand une fois ils les ont goûtées.

Ajoutons que le climat du Labrador est fort sain, en dépit de ses brumes fréquentes. Les morts d'enfants y sont des plus rares, et des invalides venus du Midi y recouvrent rapidement la santé et les forces. Aussi beaucoup de personnes y accourent-elles de tous les points depuis quelques années, sur l'ordre de leurs médecins. Lentement, mais sûrement, dans cette province canadienne du Nord, des générations vigoureuses et énergiques se forment. Elles joueront plus tard un rôle considérable dans la solution des problèmes politiques de l'avenir.

CHAPITRE II

LES PÊCHERIES DU GOLFE. — GASPÉ. — ANTICOSTI.

En plein royaume des poissons. — De l'importance des pêcheries canadiennes. — La chasse aux géants de la mer. — Baleines, loups marins et marsouins. — Les huîtres et homards du Canada. — Anticosti et la légende de Gamache. — Jacques Cartier et la Gaspésie.

Au cours d'un voyage d'exploration entrepris durant l'été de 1883, dans le golfe Saint-Laurent, par M. Vermond, député de Seine-et-Oise, ce touriste, émerveillé des richesses poissonnières de cette région, s'écria un jour : « Grand Dieu ! c'est bien ici véritablement le royaume des poissons ! »

Et en effet, en aucune autre partie du globe, croyons-nous, ils ne sont en aussi grande abondance. De plus, leurs variétés sont infinies. Nous mentionnerons surtout la morue, le merlan, le maquereau, le saumon et le hareng, dont la pêche occupe un personnel énorme sur une étendue de côtes qui, pour les seules provinces de Québec, du Nouveau-Brunswick et de la Nouvelle-Écosse, et sans tenir compte des anfractuosités du rivage, est évaluée à quatre mille six cent trente-deux kilomètres. En ajoutant au golfe Saint-Laurent, et aux baies des Chaleurs et de Fundy, les lacs Ontario, Érié, Michigan, Huron et Supérieur, on obtient le chiffre vraiment colossal de cent quatre-vingt-seize mille kilomètres carrés, comme représentant la superficie totale où peut s'exercer l'industrie du pêcheur canadien.

Grâce à l'intelligente initiative du gouvernement du Canada, les produits de la pêche ont augmenté, depuis plusieurs années, dans des proportions telles qu'on peut augurer favorablement du plein et entier développement de cette branche de la richesse nationale. Ainsi le chiffre d'exportation des cinq espèces de poissons ci-dessus indiquées, qui en 1875 n'était que de quatorze millions de francs, s'est élevé en

1881 à vingt-six millions, soit une différence de douze millions en faveur de cette dernière année. Quant au total de production de toutes les pêcheries canadiennes, les chiffres officiels l'ont fixé, pour 1883, à $ 16,958,193, soit environ quatre-vingt-six millions et demi de francs.

Sur ce total figurent pour un rendement considérable la baleine et le loup marin, dont la capture est l'objet de compétitions ardentes entre plusieurs grandes maisons commerciales des villes maritimes du Canada et même des États-Unis.

A tout seigneur, tout honneur. Parlons d'abord de la baleine. Il y en a de deux sortes dans le golfe Saint-Laurent : celle dite *sulphur bottom*, ou « ventre soufré », et la baleine à bosse appelée *hump-back*. Cette dernière, dont la vigueur est moins grande, est attaquée par les procédés ordinaires, c'est-à-dire à l'aide du harpon retenu par un grelin qui se déroule et entraîne l'embarcation du baleinier. Si rapide est alors la fuite de la *berge* que, des deux côtés de l'avant, l'eau s'élève jusqu'à une hauteur de quinze à seize centimètres au-dessus du carreau, mais sans cependant qu'il s'en répande une seule goutte à l'intérieur de l'esquif. Les hardis marins qui se livrent à ce *sport* aventureux ne se laissent aucunement émouvoir par cette course, qui paraîtrait effrayante à des novices, et ils s'en font même à l'occasion un simple passe-temps. La « baleine à bosse » est celle qui fournit la plus grande quantité d'huile. Il n'est pas rare d'en obtenir jusqu'à cent barils; ce qui constitue un fort beau coup de lance, on en conviendra, cette huile se vendant couramment de soixante à quatre-vingts francs le baril.

On ne fait la chasse au *sulphur bottom* que depuis peu d'années, ce cétacé étant doué d'une force prodigieuse qui, de tout temps, a exposé les pêcheurs à de terribles dangers. Quand ces énormes poissons prennent leurs ébats, on les voit souvent s'élancer complétement hors de l'eau, dans une position verticale. Grâce à une longue expérience, les harponneurs ont appris à s'en rendre maîtres, et ces expéditions aventureuses s'accomplissent aujourd'hui, sinon sans émotions, du moins sans l'accompagnement obligé des sinistres si fréquents autrefois.

Pour frapper le *sulphur bottom* on emploie, non pas le harpon, mais la lance, à laquelle est attaché un grelin lié par l'autre bout à une esparre. Le vrai coup de maître consiste à atteindre les parties vitales qui se trouvent en arrière de la nageoire. L'esparre est ensuite jetée à la mer. La baleine bondit sous la douleur, plonge et s'enfuit; mais elle ne tarde pas à revenir à la surface pour y rendre le dernier soupir si la lance s'est enfoncée au bon endroit.

Les premiers baleiniers du Golfe viennent sans contredit de la Gaspésie, au sud. Depuis quatre-vingts ans ce pays fournit ainsi des générations de ces hommes énergiques, pour la grande guerre aux géants de la mer.

Les loups marins se trouvent surtout sur les côtes du Labrador et de Terre-Neuve. Il y en a de plusieurs familles, reconnaissables à leur taille, à leurs habitudes, à leur poil, à la conformation de leur tête. Les plus gros, connus sous le nom de *wastics*, peuvent avoir environ quatre mètres de longueur. Ceux que l'on appelle *wabishtouis*, bien que relativement fort petits, leur cèdent à peine cependant comme valeur de prise.

Une curieuse légende a cours dans ces parages parmi les pêcheurs, légende fondée sur la ressemblance des traits des *wabishtouis* avec ceux des Esquimaux. D'après elle, ces aborigènes de l'extrême Nord seraient les descendants directs d'un couple de loups marins wabishtouis, ostracisé autrefois par sa tribu, et qui aurait été forcé de chercher un refuge sur la terre ferme.

Il y a aussi l'espèce surnommée *harp seal* par les Anglais, qui est la plus abondante sous ces latitudes. Ce loup marin peut avoir, à son entier développement, environ deux mètres de longueur.

La chasse de ces amphibies ne dure que

très-peu de temps chaque année, à peine deux ou trois semaines, depuis la mi-décembre jusque vers les premiers jours de janvier.

Lorsque les grands froids recommencent à sévir, vers la fin de novembre, les loups marins, côtoyant d'assez près le rivage et les îles, remontent, par bandes nombreuses, de la haute mer vers le fleuve Saint-Laurent, où ils vont à la rencontre des glaces flottantes sur lesquelles ils se tiennent durant l'hiver. Les pêcheurs saisissent alors le moment du passage de ces animaux près de terre pour tenter de s'en emparer à l'aide de grands rets, tendus dans les défilés étroits et dans les baies. A certains endroits, on peut ainsi capturer jusqu'à deux cents de ces mammifères, si précieux pour les habitants de cette partie du Canada, que ceux-ci en retirent à peu de chose près leur unique moyen de subsistance.

Une pêche fort curieuse, dans ces régions, est celle du marsouin. Ce cétacé, délaissant le Golfe, remonte le fleuve Saint-Laurent, se tenant même de préférence à quelque

2.

trente ou quarante lieues à peine en aval de Québec, c'est-à-dire aux endroits où, le mélange s'opérant entre les eaux douces et salées, il en résulte des conditions tout particulièrement favorables à l'agglomération d'innombrables quantités de poissons, d'espèces tant fluviales que marines. Il faut voir alors quelles brèches terribles le marsouin pratique, avec ses puissantes mâchoires, à travers tout ce menu fretin !

C'est au printemps, principalement, que ce drame sous-marin se poursuit avec le plus d'acharnement. A cette époque de l'année, les rangs des victimes sont au grand complet : achigans, esturgeons, aloses, anguilles, saumons, brochets, venus des lacs et des rivières d'en haut et se dirigeant vers la mer ; harengs, morues, sardines, bars, flétans, maquereaux, ayant fui l'Océan à la recherche de flots plus calmes et plus propices pour y déposer leur frai.

C'est alors aussi que la chasse au marsouin est la plus active. Sitôt le fleuve libre de glaces, les pêcheurs du littoral y tendent leurs piéges. Ceux-ci consistent, pour la plupart, en rangées de perches enfoncées plus ou moins solide- ment, et disposées sur une ligne demi-circu- laire dont une extrémité seulement rejoint le rivage à marée haute. Les marsouins, peu dé- fiants de leur nature, se glissent par l'ouverture restée ouverte, ne s'apercevant de leur méprise que trop tard, lorsque la marée basse va les laisser ignominieusement à sec sur le rivage. Il ne reste plus alors aux pêcheurs qu'à les lier pour les hisser sur la grève. Ce n'est pas chose facile parfois, le marsouin étant doué d'une force peu commune dont il se sert en temps opportun pour jouer à ses tyrans plus d'un mauvais tour.

Rappellerai-je que c'est aussi dans le golfe Saint-Laurent qu'on récolte ces succulentes petites huîtres canadiennes, qui font prime sur les tables des gourmets américains, et dont les meilleures ostendes, gravettes et cancales d'Europe ne peuvent donner qu'une

bien faible idée? Il a certes perdu un régal
de dieux, celui qui n'a pas savouré une « bouctouche » ou une « caraquette » du golfe Saint-
Laurent. A côté de ces deux perles de la mer,
les huîtres les plus renommées de France, et
même les célèbres *millons* d'Angleterre, semblent flasques et fades. Seuls les *carlinfords* de
l'Irlande pourraient peut-être entrer en lice,
et encore avec de bien faibles chances de l'emporter.

Hélas! pourquoi faut-il qu'il en soit des huîtres du Saint-Laurent comme de mille autres
bonnes et excellentes choses? Elles s'en vont,
et rapidement. Aujourd'hui les bancs en sont
presque épuisés, faute d'intelligence dans la
mise en exploitation, et si l'on ne s'avise pas
au plus vite de pratiquer au Canada, comme on
fait en Europe, l'ensemencement et l'élevage,
la caraquette et la bouctouche auront bientôt
vécu. Il faut espérer, pour les Canadiens, que
ce malheur leur sera évité, et qu'il leur naîtra
avant peu des *amareilleurs* habiles qui conju-
reront le désastre.

La même remarque s'applique à la pêche du
homard, dont le rendement, toujours de plus
en plus décroissant chaque année, est à cette
heure un grave sujet d'alarmes. On sait en
quelle estime sont tenus les homards de ces
parages, surtout ceux de la baie des Chaleurs,
au sud de la Gaspésie. Leur disparition pleine
et entière ne saurait être envisagée sans frémir.
Ce ne serait ni plus ni moins qu'une calamité,
presque universelle celle-là, puisque tous les
vrais Brillat-Savarin de notre époque en seraient consternés. En attendant que cette date
néfaste soit sonnée, ce qu'à Dieu ne plaise,
constatons, en passant, que la pêche du homard au Canada a encore produit, en 1883,
la jolie somme suffisamment consolante de
$ 1,949,254, soit environ neuf millions neuf
cent cinquante mille francs.

Laissant à sa gauche, tout au fond du Golfe,
les îles de la Madeleine, habitées presque entièrement par une population de pêcheurs, le
navire à destination de Québec tourne ensuite

à droite et s'engage, avant de pénétrer dans le grand fleuve, entre l'île d'Anticosti et la Gaspésie. Au printemps et à l'automne, toute cette région est fort redoutée des navigateurs, en raison des brumes épaisses qui s'y abattent alors, souvent durant plusieurs jours consécutifs, et des vents violents qui y soufflent du large. En été, par contre, les journées y sont radieuses — nous sommes déjà ici à plus de cent lieues de Belle-Isle — et les nuits d'une admirable sérénité, avec des milliers d'étoiles dansant au ciel. Partout, la mer, d'une belle transparence de turquoise, déroule l'infinie séduction de ses flots au repos !...

Autour du navire qui file doucement, perdu dans une sorte d'immense resplendissement bleu, peu à peu des terres — les premières depuis le départ du Labrador — surgissent à l'horizon. Tout là-bas, à droite, c'est l'île d'Anticosti, avec la fine dentelure de ses côtes qui se pose sur la mer comme une grande découpure légère. A gauche, la masse sombre de Gaspé, et, s'avançant audacieusement dans le Golfe, sentinelle géante montant la garde à l'entrée de l'Amérique française, la cime orgueilleuse des monts Notre-Dame qui se dresse jusqu'à une hauteur de plus de treize cents mètres.

Depuis quelque temps seulement on a attiré l'attention du gouvernement canadien sur les remarquables ressources offertes par l'île d'Anticosti pour la colonisation. Jusque-là, cette île n'était renommée, parmi les habitants des côtes voisines, que comme un excellent rendez-vous de pêche et de chasse. Il est certain cependant aujourd'hui que, de même que le Labrador, elle offre en abondance des terres cultivables et des mines très-riches. Dans ces conditions, l'île d'Anticosti représenterait actuellement une énorme valeur improductive, puisqu'elle comprend une longueur de quarante-cinq lieues et une largeur de douze lieues dans sa plus grande étendue [1].

---

[1] Des nouvelles reçues récemment du Canada nous apprennent qu'un syndicat de capitalistes a opéré l'achat de l'île d'Anticosti. Ce syndicat aurait maintenant, paraît-il, l'in-

Avant de quitter Anticosti, rappelons le souvenir du célèbre Gamache, qui pendant longtemps fut réputé, à cinquante lieues à la ronde, comme le mauvais génie de ces lieux isolés. Nous ne jurerions même pas que la grande ombre de ce fantastique trépassé ne continuât encore à errer, la nuit, sur ces rivages, pour en éloigner, comme de son vivant, les navigateurs qui seraient tentés d'atterrir.

Quoi qu'il en soit, vous ne rencontreriez pas un pilote du Saint-Laurent ni un simple matelot canadien qui ne pussent vous narrer, encore aujourd'hui, de merveilleuses histoires sur le compte de ce Gamache. Le soir, durant les longues veillées d'automne et d'hiver, autour du gros poêle ronronnant sous le toit du pêcheur, ce sont toujours les hauts faits de ce légendaire personnage qui alimentent les contes de l'aïeule, ces bons vieux contes d'antan qu'il faisait si bon écouter jadis, nos yeux de petits enfants largement ouverts, et

tention d'en poursuivre l'exploitation sur une très-vaste échelle.

tous nos membres commençant à frissonner d'épouvante.

Que pensez-vous, par exemple, que faisait Gamache lorsqu'il se trouvait surpris au large, loin de son gîte, par un calme plat? Se levant sur son banc, il commandait tout simplement au diable de lui apporter plein son bonnet de vent frais, ce que tout aussitôt Satan s'empressait de faire. L'instant d'après, la barque de Gamache glissait comme un rêve, ses voiles gonflées à craquer, sur une mer sans rides, tandis que tout autour de lui les embarcations des pêcheurs ne pouvaient seulement pas bouger.

On ne saurait imaginer les nombreux sortiléges dont on a accusé ce sorcier, passé à l'état de loup-garou dans l'imagination des enfants. Si encore il se fût contenté d'ourdir des complots avec l'Esprit du mal! Mais il y a aussi sur sa mémoire l'odieux de crimes terribles, tel, par exemple, que le massacre d'équipages entiers pour s'approprier la cargaison des barques. Vainement les vaisseaux de la compagnie des postes du Roi lui donnaient-ils la chasse après l'un de ces méfaits, toujours l'infernale goëlette de Gamache, vive et alerte comme le Belzébuth qui hantait son bord, leur échappait en les narguant. D'autres fois, au moment où ces vaisseaux se croyaient sur le point d'atteindre le hardi pirate, celui-ci se changeait en fantôme, et les matelots épouvantés ne trouvaient plus devant eux qu'une petite flamme bleuâtre, sautillant sur les eaux et s'enfonçant de plus en plus dans le lointain.

En l'année 1852, M. l'abbé Ferland, ce même prêtre missionnaire déjà cité plus haut, voulut en avoir le cœur net. A peine venait-il de jeter l'ancre dans la jolie baie appelée depuis « baie Gamache », qu'il vit accourir vers lui le maître de céans, un beau vieillard très-vert, qui lui saisit les mains avec une énergique cordialité, s'écriant en même temps : « Soyez le bienvenu dans mon repaire, monsieur le curé. »

Qui fut surpris et désappointé de cet accueil, on le laisse à penser. S'attendre à trouver un ogre des contes de Perrault, et ne plus voir devant soi qu'un brave homme de pêcheur, un peu rude d'allures peut-être, mais du reste très-loyal et au cœur bien placé! On serait stupéfait à moins, n'est-ce pas?

Inutile de dire si les préjugés furent vite dissipés. A la demande de ses visiteurs, Gamache raconta alors comment, arrivé très-jeune à Anticosti, et après s'être fixé au fond de la baie qui porte aujourd'hui son nom, il avait dû s'occuper avant tout des moyens d'assurer sa sécurité dans le poste périlleux qu'il s'était choisi. Non content de barricader sa maison, de manière qu'elle fût, au besoin, en état de soutenir un siége prolongé, il entreprit aussi, toujours dans le but d'éloigner les gêneurs, d'étendre au loin sa réputation d'homme terrible et violent. On sait déjà comment il y réussit.

Il est telles de ces espiègleries et de ces malices, employées par Gamache pour se faire craindre, qui relèvent de l'opéra-bouffe, tant elles sont burlesques. Leur auteur, qui, sous sa rude écorce de marin, cachait en réalité un grand fonds de jovialité, était, du reste, le premier à en rire.

Dans l'automne de 1854, quelques autres voyageurs pénétraient de nouveau dans la baie Gamache. Mais cette fois ils ne trouvèrent plus qu'un cadavre. La mort du vieillard remontait déjà à plusieurs semaines. Seul, sans secours, il s'était éteint doucement, les yeux obstinément fixés, jusqu'au dernier soupir, sur ce coin isolé du monde qu'il avait véritablement fait sien durant sa vie.

Pendant bien longtemps encore, croyons-nous, et quelles que soient les destinées futures de la superbe et vaste Anticosti, le nom du misanthrope si original qui y fonda le premier établissement vivra dans le souvenir de la population du golfe Saint-Laurent.

Avec la Gaspésie, nous commençons à entrer dans le Canada français proprement dit.

S'il faut en croire les traditions laissées et rapportées par les premiers historiens de la

Nouvelle-France, cette partie du pays — qui, à elle seule, est aussi grande que la Belgique, puisqu'elle couvre une superficie de quatorze mille kilomètres carrés — serait connue depuis fort longtemps déjà : sa découverte remonterait au onzième siècle. Suivant le professeur danois Rafu, des hommes du Nord, venus du Groënland et de l'Islande, y auraient établi, à cette époque, des postes de pêche très-fréquentés.

Quoiqu'il en soit de ces traditions, l'histoire fait mention de Gaspé comme ayant été la première terre où Jacques Cartier ait pris pied, lorsqu'il découvrit le Canada. Cela se passait en 1534, à l'entrée de cette baie enchanteresse, appelée depuis Bassin de Gaspé, à coup sûr l'un des sites les plus merveilleux du nouveau monde. D'abord ébloui et charmé, le grand navigateur malouin se sentit bientôt envahir par une émotion irrésistible. Tombant alors à genoux, il prit solennellement possession, au nom de son Dieu et de son Roi, de cette Nouvelle-France, qui devait plus tard arriver à un tel degré de dé-

veloppement. Cet acte à la fois simple et grandiose était ainsi consigné le même jour dans
son « routier » :

« Le vingt-quatrième jour de juillet, nous
fîmes faire une croix haute de trente pieds, et
fut faite en présence de plusieurs sauvages, sur
la pointe de l'entrée de ce port, au milieu de
laquelle nous mîmes un écusson relevé avec
trois fleurs de lys, et dessus était écrit en grosses lettres entaillées dans du bois :

Vive le Roy de France!

Et après, la plantâmes en leur présence sur
ladite pointe, et la regardaient fort, tant lorsqu'on la faisait que quand on la plantait. Et
l'ayant levée en haut, nous nous agenouillions
tous ayans les mains jointes, l'adorans à leur
vûe, et leur faisions signe regardans et mon-
trans le ciel, que d'icelle dépendait notre Ré-
demption. »

On s'accorde généralement à faire dériver
ce nom de Gaspé du mot indien « Guihaks-
pèque », appliqué par les premiers indigènes

au promontoire aujourd'hui appelé « Cap de Gaspé ». Littéralement, le mot indien signifie « fin de la terre », ce que les sauvages devaient sans doute tout naturellement s'imaginer en voyant ce cap s'allonger et s'effiler vers la haute mer, c'est-à-dire, pour eux, vers le grand inconnu, l'infini en un mot. Les premiers habitants de la Bretagne n'avaient pas dû raisonner autrement, du reste, pour le cap Finistère.

La nature s'est montrée prodigue envers la Gaspésie. Nous pouvons même affirmer que sur aucun endroit du globe elle n'a répandu plus qu'ici, avec tant de profusion, l'inépuisable variété de ses richesses. Depuis la baie des Chaleurs, tout au sud, jusque bien avant dans le golfe Saint-Laurent, ce ne sont que terres grasses et superbes, immenses forêts vierges remplies des plus précieux bois de construction et d'ébénisterie, innombrables cours d'eau où le poisson abonde, tout cela dans un paysage pittoresque toujours, souvent d'une extrême mélancolie, quelquefois aussi revêtant soudain des aspects de sauvagerie grandiose, qui arrachent forcément des cris d'admiration au voyageur émerveillé.

Et cependant, c'est à peine si ce beau pays commence à être apprécié à sa juste valeur, et si ce territoire, qui pourrait facilement nourrir un demi-million d'habitants, en contient à cette heure quarante-cinq mille. Il y a trente ans, m'a-t-on raconté, il n'existait pas même un seul chemin, ni à l'intérieur, ni sur les côtes. Les seuls moyens de communication étaient à cette époque, en hiver, la raquette à travers la forêt, et le bateau de pêche le long du rivage, durant la belle saison. Tout récemment encore, ceux qui se rendaient à Québec, après la clôture de la navigation, ne pouvaient voyager autrement qu'en traîneau péniblement tiré par des chiens.

Maintenant, le souvenir de ces misères va se perdant de plus en plus. Chaque année qui s'écoule voit s'ouvrir dans la Gaspésie de nouvelles routes de colonisation, qui facilitent le défrichement des terres, et surgir de florissants villages, là où auparavant était la forêt vierge. Une ligne télégraphique y apporte les nouvelles du dehors; de nombreux bateaux à vapeur en fréquentent les ports, et le grand chemin de fer « Intercolonial » qui relie Québec à Halifax, dans la Nouvelle-Écosse, offre un moyen de communication rapide et peu coûteux avec le reste du pays.

CHAPITRE III

Le fleuve-roi. — La débâcle devant Montréal. — Une immense route fluviale. —Au pays des légendes. — L'Amiral du Brouillard. — En route pour Québec. — Le Saguenay. — Une réédition du *Styx* de Virgile. — Les villes d'eaux du bas Saint-Laurent.

L'Égypte, c'est le Nil. L'Inde, c'est le Gange. Le Canada, c'est le Saint-Laurent.

Au Canada, tout émane du Saint-Laurent. Tout arrive par lui, tout s'en retourne à lui. Sans le Saint-Laurent, Québec, Montréal et Toronto ne seraient que des bourgades insignifiantes, ignorées. C'est sur les bords du Saint-Laurent, aux eaux d'un bleu profond, verdâtres par places comme des reflets d'océan, que le paysan canadien installe de préférence sa maisonnette, voulant avoir là sous les yeux, partout et toujours, son cher fleuve-roi.

Au sortir de la région des grands lacs, dans

lesquels il prend sa source, le Saint-Laurent,
comme avide déjà de se mêler à ce vaste Atlantique qui l'attend au bout d'un parcours de
douze cents kilomètres, se précipite d'abord
en avant par une série de bonds désordon-
nés. Ainsi jusqu'à Montréal. Arrivé là, il est
en pleine possession de sa force. Il ne roule
plus alors, il marche. Il marche, solennel et
lourd, recevant sur son passage les eaux d'innombrables rivières dont plusieurs, entre autres
l'Ottawa, le Richelieu, le Saint-Maurice, seraient
partout ailleurs de véritables fleuves.

Il faut voir le Saint-Laurent au printemps,
lors de la débâcle. Devant Montréal, où bien
souvent j'ai joui de ce spectacle, le fleuve,
large en cet endroit de quatre kilomètres,
jaillit soudain, avec des révoltes inouïes de
puissance, au milieu de craquements sonores
comme des détonations d'artillerie, de la prison
qui l'a tenu enfermé depuis décembre. La
glace, soulevée par un gigantesque effort, retombe brisée, éparpillée en des milliers de blocs
qui tous alors, comme affolés, tournoient un in-

RAPIDE AU CONFLUENT DU SAINT-LAURENT ET DE L'OTTAWA.

stant, puis se hissent les uns sur les autres,
formant une barrière infranchissable. Mais le
fleuve s'est mis à monter, grondant sourde-
ment de colère. Bientôt il pèse, il pousse avec
un redoublement de rage contre l'obstacle, qui
enfin cède et s'écroule, définitivement cette
fois.

C'est surtout à partir de Québec que le
Saint-Laurent devient imposant. Bien qu'à
cent lieues encore de son embouchure, il
prend, déjà là, ces allures d'Océan en miniature
qu'il ne quittera plus désormais. A Québec,
les marées se font sentir, parfois formidables,
tout comme à Étretat ou à Trouville. C'est aussi
là que le grand fleuve canadien revêt sa physionomie la plus caractéristique. Jusqu'au Golfe,
il se meut, immensité azurée, entre une double
ligne ininterrompue de paysages sévères,
presque sauvages même ; bien différent en cela
de ses deux rivaux d'Amérique, l'Amazone et
le Mississipi, celui-ci roulant ses flots jaunes à
travers des plaines uniformes et basses, et celui-là se riant en plein pays de soleil, sous l'É-

quateur, dans son cadre étincelant de forêts
vierges.

C'est de même à Québec que la largeur du
Saint-Laurent commence à devenir extraordinaire. Cette largeur, de douze kilomètres devant
la ville, atteint vingt-cinq kilomètres au confluent du Saguenay, cinquante kilomètres à
Rimouski, pour s'évaser brusquement, peu
après avoir contourné la Pointe des Monts, en
une immense nappe d'eau de cent cinquante
kilomètres.

Du reste, les « gens d'en bas de Québec »,
comme on les appelle communément dans le
pays, ont là-dessus un mot bien significatif, et
qui en dit plus que tout un chapitre, sur cette
grandeur si imposante du Saint-Laurent. Chaque fois qu'il leur arrive de parler de leur fleuve,
ils disent tout simplement : « La mer[1]. »

[1] La longueur du Saint-Laurent est évaluée à 1,200 kilomètres, dont près de la moitié, c'est-à-dire jusqu'à Montréal qui est le terminus naturel de la navigation océanienne,
est navigable même pour les énormes transatlantiques jau-
geant 5,000 tonneaux.

Ce n'est pas tout, et il s'en faut de beaucoup que le reste
du fleuve, en amont de Montréal, ne soit pas accessible.

Et c'est bien là, aussi, la profonde solitude bleue des Océans, avec des lointains aux longues ondulations d'une teinte gris-perle, qui sont les côtes, et qu'on prendrait, tant ils sont distants de nous, pour un vague amoncellement de nuages au ras de l'horizon.

Nous sommes ici en plein royaume de légendes et d'histoires fantastiques. Les habitants du bas Saint-Laurent n'auraient pour caractère distinctif de leur origine que leur penchant irrésistible vers le mystérieux, que cela suffi-

Grâce à un système de canalisation des mieux entendus, représentant collectivement une longueur de 115 kilomètres, et qui n'a pas coûté à l'État moins de 165 millions de francs, les navires de 1,500 à 1,800 tonneaux peuvent remonter aujourd'hui jusqu'à Duluth, situé à la tête du lac Supérieur, c'est-à-dire que, en y comprenant la route des grands lacs, la navigation du Saint-Laurent s'étend actuellement sur un parcours de 2,700 kilomètres, et constitue le plus grand débouché de l'Amérique du Nord.

On voit tout de suite l'importance considérable que de vra prendre, avant peu, cette voie de communication, pour l'exportation en Europe des produits du grand Ouest américain. En outre, il n'est peut-être pas inutile de faire observer ici que les steamers qui font le service des ports canadiens avec Liverpool parcourent la voie la plus courte entre l'ancien monde et le nouveau. Cette diminution de distance donne à Québec l'avantage d'une différence de 770 kilomètres sur New-York.

rait encore, et au delà, pour faire reconnaître
en eux, à première vue, des fils de la vieille
Armorique. En effet, leurs ancêtres sont venus
de la Bretagne, et plusieurs des sites canadiens,
si mélancoliques qu'on ne peut les oublier,
durent leur rappeler les landes sauvages et
désolées, couvertes d'ajoncs et de genêts, du
pays natal, ces landes mêmes qui parlent à
l'imagination des temps fabuleux de l'histoire, où
les grands menhirs des druides montent la garde,
tandis que, tout près, l'Atlantique laisse échapper les bruits majestueux des espaces infinis...

Quel malheur que ces légendes canadiennes
n'aient point toutes été soigneusement recueil-
lies ! Que de traits de lumière, pour l'éclair-
cissement de certains points des annales de la
Nouvelle-France, restés jusqu'ici fort obscurs,
et qu'on n'élucidera sans doute jamais ! On le
conçoit, en effet, aisément : là, comme partout
ailleurs, les progrès du siècle ont accompli
leur œuvre dévastatrice à travers le fouillis
des vieilles choses, et les légendes d'un peuple
sont de celles-là. Notre âge si positif a sonné

le glas de mort du merveilleux, et ce qu'il
en restait au Canada a dû lui aussi, avant de
tomber dans l'oubli, se renouveler et se déflo-
rer entièrement.

Tels qu'ils sont, cependant, plusieurs de ces
contes d'autrefois ont conservé une saveur
passablement remarquable. Le lecteur en pourra
juger du reste par celui dont je vais lui donner
plus loin l'analyse, et que j'ai pris dans le joli
livre : *A la veillée*, œuvre de M. Faucher de
Saint-Maurice, un des écrivains canadiens contemporains les plus renommés. Ce conte a pour
titre : *l'Amiral du Brouillard,* et, si je l'ai choisi
entre plusieurs autres récits intéressants, c'est
qu'il m'a été donné une fois de le revivre en
quelque sorte, ou plutôt de le voir se dresser
tout d'une pièce devant moi, et cela dans les
conditions les plus favorables, c'est-à-dire sur
les lieux mêmes où il a dû prendre nais-
sance.

Il y a de cela cinq ans, vers la fin de l'été
de 1879, à la suite d'une visite hâtive aux

deux plages de Kamouraska et de la Malbaie
— deux des villes d'eaux les plus courues du
Canada — j'avais pris passage, histoire de
tuer le reste de mes vacances, sur une goëlette
à destination du Golfe, où elle devait se livrer
à la pêche du gros poisson.

Du vent frais plein nos voiles, nous avions
franchi en trois jours la distance de trois cent
soixante kilomètres qui sépare Québec des
Sept-Iles, près de la côte du Labrador. Une semaine s'écoula à courir des bordées dans ces
parages, puis, la saison des brumes approchant
— nous venions d'entrer en septembre — le
patron, une fois sa barque pleine, résolut
d'effectuer son retour, s'arrêtant çà et là pour
vendre sa cargaison.

Oh! les belles et bonnes journées que j'ai
passées là, dans la société de ces braves pêcheurs! Oh! le charme des longues heures
sur le fleuve superbe, dont les flots mouton-
naient comme la mer à la moindre poussée de
la brise du large ; le charme de se sentir glisser vite, bien vite, sur cette grande chose incli-

née, frémissante, qui fuyait sous nous, alerte
et souple !...

Le premier soir de notre voyage de retour,
quand, laissant derrière nous le Golfe, nous
allions nous engager dans le fleuve, vis-à-vis la
Pointe des Monts, une brume épaisse descendit
tout à coup sur les flots, nous dérobant entièrement la vue des côtes. Puis, avec la tombée
de la nuit, le vent cessa de souffler. Bientôt, ce
fut le calme plat, absolu. A peine balancée
par la houle, au milieu du brouillard, notre
goëlette, avec ses longues voiles blanches,
inertes et flasques, faisait l'effet de quelque
gigantesque chauve-souris, dormant les ailes
pendantes.

D'après les relevés, nous devions être en ce
moment dans les parages de la Pointe-aux-
Anglais et de l'île aux OEufs, région fort dangereuse en tout temps, à cause des récifs qui
la bordent sur toute sa longueur.

— Brrr ! fit soudain à mes côtés un homme
de l'équipage, en secouant les cendres de
sa pipe. Quelle fichue brume ! Il n'y manque-

rait plus qu'un « grain » bien conditionné pour donner, cette nuit, de la bonne besogne à l'*Amiral du Brouillard*.

Puis il disparut dans le rouffle pour aller dormir.

L'*Amiral du Brouillard!* A l'instant, je me rappelai le beau conte de ce nom dans le volume : *A la veillée*, de M. Faucher de Saint-Maurice.

C'était en 1711, nous raconte ce dernier, sous le règne de la reine Anne, au plus fort de la lutte entre Français et Anglais pour la possession du nord de l'Amérique. Un vaillant officier de marine, du nom de Walker, dont les amours avec une certaine miss Routh étaient mal vues de sa souveraine, reçoit durant une grande fête à la cour son brevet d'amiral, mais sous condition de partir immédiatement pour le Canada avec son escadre.

Le nouvel amiral y consent, et dès le petit jour, il prend la mer, mais après toutefois avoir eu soin de faire monter sa fiancée à bord de l'un de ses vaisseaux, bien décidé à célébrer son mariage aussitôt que la prise de Québec aurait fait tomber la Nouvelle-France sous la domination anglaise.

La traversée s'opéra sans autre incident notable que la prise, en approchant de Terre-Neuve, d'un navire français commandé par un marin canadien, du nom de Paradis, qui avait la réputation d'être le plus fin pilote du Saint-Laurent. L'amiral n'ignorait pas cette particularité. Aussi ordonna-t-il que l'on eût les plus grands égards pour son prisonnier, dont il pensait qu'il serait peut-être obligé, par la suite, de requérir les services.

On pénétra dans le Golfe, et le 22 août, les quatre-vingts vaisseaux de ligne de la flotte anglaise se trouvaient déjà par le travers de l'île aux Œufs. Ce jour-là, l'amiral Walker, tout radieux, se frottait les mains en arpentant le pont de l'*Edgar,* son navire. Encore deux jours, trois jours au plus, et la flotte serait arrivée devant Québec, et en mesure de faire parler la poudre et la mitraille.

Le capitaine Paradis, lui, ne disait mot.

Accoudé sur un hauban, il se contentait de fixer sur l'horizon son œil calme et tranquille. Un instant, cependant, ayant aperçu un léger nuage blanchâtre qui tranchait sur l'immensité bleue, le prisonnier tressaillit et fit mine de se pencher anxieusement en avant. Mais ce ne fut qu'un éclair, et tout de suite son visage reprit sa physionomie habituelle, celle d'une froide et morne impassibilité.

Tout à coup le vent fraîchit. Il s'était déclaré franc sud, et l'*Edgar,* toutes voiles dehors, filait maintenant à la diable, suivi de près par son convoi. La nuit arrivait rapidement. On allait distribuer les hamacs à l'équipage, lorsque soudain, du gaillard d'avant, se fit entendre ce cri sinistre :

— Les brisants à tribord!

L'officier de quart, épouvanté, hurla une manœuvre d'urgence, tandis que l'amiral, se précipitant vers Paradis :

— Capitaine, s'écria-t-il, il y va de notre vie à tous : choisissez entre la barre du gouvernail où un bout de grelin à la grande vergue.

— Il est sans doute inutile de vous résister, répondit le Canadien. Donnez-moi durant deux heures le commandement du vaisseau. Sur mon âme, je vous promets qu'il ne lui arrivera rien.

Puis il alla se poster au gouvernail.

Sur ces entrefaites, le ciel s'était couvert, et un commencement d'ouragan venait de se déchaîner. De temps à autre la foudre dessinait sur l'horizon tout noir ses zigzags incandescents. Parfois aussi un grondement, tout aussitôt éteint dans la grande voix de la mer, éclatait, puissant et rapide comme une décharge d'artillerie.

L'*Edgar* filait de plus belle. Déjà l'amiral se réjouissait d'en être quitte à si bon marché, quand à l'arrière retentit soudain un coup de canon d'appel. Puis ce fut deux, puis quatre, puis huit, puis vingt coups. Bientôt on ne les compta plus. C'étaient les signaux de détresse des autres navires qui, n'ayant pu suivre la course de l'*Edgar*, allaient se briser l'un après l'autre sur les écueils maudits.

Mais le désastre n'était pas encore complet. Tout à coup une immense gerbe de feu, qu'on eût dit vomie par quelque cratère sous-marin, monta tout droit dans les airs, éclairant l'horreur de cette nuit lugubre, et montrant les coques béantes de huit frégates gisant éventrées sur les récifs de l'île aux Œufs. On entendit une détonation épouvantable, telle qu'en pourrait produire l'écroulement d'un continent, et puis la mer se couvrit d'une foule de cadavres et de mourants.

La foudre venait de tomber sur le vaisseau-poudrière de la flotte, consommant ainsi le désastre de cette autre Armada. A peine quatre ou cinq navires s'échappèrent pour porter en Angleterre la nouvelle de la catastrophe.

Au moment du sinistre, l'amiral s'était élancé sur le pont, nu-tête, criant d'une voix rauque :

— Le *Marchand de Smyrne!* qu'est devenu le *Marchand de Smyrne?*

Hélas! le *Marchand de Smyrne,* à bord du

quel se trouvait miss Blanche Routh, était un de ceux qui les premiers avaient été jetés à la côte, et en ce moment même les flots du Saint-Laurent roulaient vers les dunes du Labrador le cadavre de l'infortunée jeune fille.

Quant à l'*Edgar*, il filait toujours. Le capitaine Paradis avait tenu parole : le vaisseau-amiral était sauvé, mais la flotte était détruite.

La douleur de l'amiral fut horrible. Plus tard, quand il revit les côtes de son pays, il ne voulut pas survivre à son malheur. Après avoir mis le feu aux poudres de son navire, il s'ensevelit dans les flots avec la presque totalité de son équipage. Seuls trois hommes, dont le capitaine Paradis, purent échapper comme par miracle.

A quelque temps de là, ce même marin canadien dont la main de fer avait anéanti les projets de l'un des plus puissants personnages de la Grande-Bretagne, se retrouva, par un soir de brouillard, sur la route de Québec, et il vit distinctement l'*Edgar* de l'amiral Walker qui, suivi de son convoi, se glissait sur le Golfe dans

la direction de l'île aux OEufs. Tous doublaient
la Pointe-aux-Anglais, entraient dans la passe,
puis disparaissaient près des récifs.

Depuis, chaque fois que la brume descend
sur le Saint-Laurent, l'amiral Walker, vous
dira-t-on, revient croiser près de la tombe de sa
bien-aimée morte, invitant, comme pour se
venger, les marins imprudents à le suivre. Et
c'est pourquoi, vous dira-t-on encore, les sta-
tistiques du bureau *Veritas* constatent qu'il se
perd tant de navires chaque année dans ces
parages...

La nuit était déjà fort avancée quand nous
pûmes lever l'ancre pour continuer notre route.
Le brouillard, balayé par une bonne brise du
large, laissait çà et là entrevoir de larges pans
du ciel, et parfois le disque jaune de la lune
glissant sur les vagues ses rayons obliques.

Au loin, près de la Pointe-aux-Anglais,
les brisants de l'île aux OEufs, dont nous nous
étions approchés, montraient leur longue couronne d'écume blanche. Il s'en élevait un bruis-

sement continu qui était, dans le silence de la nuit, comme un chant lointain d'orgues d'église. On eût dit quelque mystérieux *De profundis,* soupiré au-dessus du morne, où dormaient du dernier sommeil la fiancée de l'Amiral du Brouillard et les quinze cents soldats de la reine Anne.

De la Pointe-des-Monts, qui marque l'embouchure du Saint-Laurent, jusqu'à Québec, la première ville importante du Canada, on compte environ quatre-vingts lieues. Peu à peu, à mesure que l'on remonte le cours du fleuve, les traces d'habitation deviennent plus nombreuses sur les deux rives, elles-mêmes plus resserrées.

Bientôt, à gauche, c'est une localité d'un mouvement tout moderne, Rimouski, où les paquebots font escale pour y déposer les malles qui de là sont transportées rapidement à destination par le chemin de fer. Plus loin, à droite, c'est Tadoussac, ravissant village situé à l'entrée de la rivière Saguenay, et l'une des stations balnéaires les plus en renom dans le pays. De là, les bateaux à vapeur remontent le Saguenay jusqu'à Chicoutimi, autre jolie petite ville, toute bruissante d'activité, et qui est devenue depuis peu, de simple bourgade qu'elle était il y a à peine quelques années, le siége d'un évêché, d'un séminaire, et de plusieurs établissements industriels très-prospères. A quelques heures en amont est le lac Saint-Jean, arrosant cette superbe vallée du même nom que l'incomparable fertilité de son sol a fait surnommer le « grenier du Canada ».

La rivière Saguenay partage, avec le Niagara, la gloire d'être l'une des curiosités les plus merveilleuses du monde entier. Cette célébrité, elle la doit au pittoresque et à la sauvagerie grandiose des paysages qui se déroulent sur ses bords. « Le Saguenay, dit un auteur canadien[1], est un gouffre, profond parfois de mille pieds, taillé en plein granit, au sein d'énormes entassements de montagnes, par un terrible cataclysme qui doit remonter à

[1] Arthur BUIES, *le Saguenay et la vallée du lac Saint-Jean.*

des milliers d'années... Il y a comme du délire dans cette création. Les montagnes paraissent avoir été jetées là au hasard, comme dans une épouvantable mêlée, où les combattants sont restés debout, foudroyés sur place. »

Et cela, sur un parcours de dix-huit lieues, sans le moindre vestige de végétation, au milieu d'un silence de mort, à peine traversé, de temps à autre, par le cri strident et lugubre d'un oiseau de proie qui, bien haut, plane dans les airs. Par degrés, une sorte d'angoisse lourde et âpre vous étreint, et l'on se prend involontairement à soupirer après une éclaircie qui laisserait voir, à travers quelque déchirure de montagne, soit un pan de verdure, soit seulement un arbre ou un bouquet de fleurs des champs. Mais toujours se profilent les horribles amoncellements de rocs noirs et glabres, qui, se dressant jusqu'aux nues, vous oppressent, vous étouffent!... A un certain endroit même, c'est-à-dire là où se trouvent ces deux énormes falaises d'une hauteur à pic de dix-huit cents pieds, qui se nomment les

caps Trinité et Éternité, il semble que vous
soyez arrivés à la limite extrême où la réalité
se fond dans le rêve. On dirait vraiment le
Styx de l'antiquité, et les damnés de Virgile doivent ici sourdre de partout pour s'accrocher à
la barque de l'imprudent visiteur qui se hasarde
sur ces flots noirs. Entre les deux bords subitement resserrés de la rivière, l'écho a pris soudain des proportions inouïes. Le plus léger cri
vous revient comme un roulement de tonnerre
mille fois répercuté, et la détonation d'une
arme à feu vous donne la sensation d'un univers
s'entr'ouvrant avec un fracas épouvantable. On
fuit au plus tôt, pressé cette fois d'en finir, et
c'est avec un sentiment d'indicible bien-être que
l'on pénètre, à quelques heures de là, dans une
large vallée, où la rivière développe enfin à son
aise le volume de ses eaux, à travers des prairies verdoyantes. Les premiers explorateurs
nommèrent cet endroit la baie des Ha-Ha!
C'est qu'en effet ces interjections rendent bien
l'impression qu'on ressent, et elles viennent tout
naturellement à la bouche, quand, au sortir du

long spectacle de désolation que présente le
Saguenay sur la plus grande partie de son
cours, on se trouve ainsi subitement face à face
avec une nature animée et où se joue librement
le soleil.

Reprenant notre course sur le Saint-Laurent,
depuis Tadoussac, nous longeons successivement
plusieurs autres villes d'eaux, toutes fort courues
durant la belle saison. C'est Cacouna, très-aris-
tocratique, quelque chose comme le Trouville
canadien, avec un immense hôtel à piazzas dressé
sur une hauteur, casinos, salons de conversation, etc. ; c'est Rivière-du-Loup et Kamouraska, plus modestes, quoique guère moins
attrayants; c'est la Malbaie, le rendez-vous par
excellence des gens qui aiment à s'amuser, ce qui
est assez dire que la société d'origine française y
domine. Tout le jour, entre ces endroits mono-
polisés par la fashion, c'est un va-et-vient inces-
sant de yachts de plaisance qui ressemblent de
loin, lorsqu'ils courent sur le fleuve, leurs
blanches voiles tendues au vent, à quelque vol
de mouettes soudainement abattu sur les flots.

Nous remontons toujours. C'est maintenant, sur chaque rive, une succession ininterrompue de jolis villages, aux fraîches et coquettes maisons, échelonnées le long de la côte et disparaissant à demi dans les moissons houleuses et dorées, ou groupées en faisceau serré autour de leur église, dont la flèche en métal scintille gaiement au soleil. Quelques heures de route encore, puis soudain, à un brusque détour, après avoir contourné l'île d'Orléans, on aperçoit la superbe rade de Québec et la masse grise de la ville avec son amphithéâtre de maisons et sa citadelle, perchée au sommet du roc de granit qui domine la vieille cité.

ESCALIER CHAMPLAIN A QUÉBEC.

CHAPITRE IV

QUÉBEC.

Vue à vol d'oiseau. — Une ville paradoxale. — La calèche. — Hôteliers et cochers. — La Terrasse. — Les Québecquoises. — Par une belle soirée d'été.

De longtemps je n'oublierai l'impression profonde que je ressentis, il y a de cela plusieurs années déjà, lorsque j'eus l'occasion de voir Québec pour la première fois. Et de fait il est bien peu de touristes qui ne se soient laissé prendre comme moi au charme de cette vieille ville étrange, et qui n'aient consacré à faire son éloge maintes pages de leurs calepins de voyage.

Imaginez un roc abrupt et colossal, entouré de remparts à créneaux, et que domine une citadelle géante, une citadelle, cette chose si rare en Amérique. Jetez sur ce roc, à profusion, les lourds et bizarres édifices, à pignons antédiluviens, particuliers à une place de garnison, avec, çà et là, la flèche scintillante d'une église ou les murs sévères et trapus de quelque monastère. Faites grimper tout autour les maisons de la ville basse, des maisons d'un aspect de vétusté incroyable pour une ville du nouveau monde, des maisons branlantes, vermoulues et moussues, parfois hydropiques et ventrues, parfois maigres et efflanquées, et qui toutes se lézardent, se fendillent, se crevassent, s'effritent, s'émiettent peu à peu sous l'action lente du temps. Quelque chose comme la reproduction du célèbre quartier, aujourd'hui modernisé, des Tanneurs à Genève. Sur tout cela, un ciel presque toujours d'une pureté admirable, et à l'horizon, par delà le Saint-Laurent, des paysages montagneux, aux tons bleuâtres d'une exquise finesse. Voilà Québec.

O ma chère vieille cité canadienne! Ville éminemment fantasque, puisque, par ce temps de « progrès moderne » où tout s'embellit, se

nivelle et s'uniformise, tu t'obstines quand même
à conserver avec un soin jaloux le pittoresque
labyrinthe de tes rues effroyablement pavées,
avec les trottoirs casse-cou et la calèche de nos
aïeux! Ville étonnante et extraordinaire où,
quand autour de toi tout s'agite avec rage
après la fortune, on voit encore des gens au
cœur simple pour qui *l'aurea mediocritas* du
poëte est le rêve désiré! où l'on rencontre
même — ô prodige! — des poëtes à longs cheveux et à coudes râpés, en quête de rimes et
d'idéal! Ville bienveillante et hospitalière, aux
femmes justement renommées pour leur grâce
et leur beauté, surtout ville de chercheurs et de
lettrés, où il fait si bon se laisser vivre dans une
béate et placide somnolence! Puissé-je inspirer
à beaucoup d'entre ces Français de France, qui
me font l'honneur de me lire, le désir et la curiosité d'aller au plus tôt faire connaissance avec
ces autres Français qui ont établi leur séjour
dans tes vieux murs : les Français de la plus
ancienne ville française d'Amérique.

J'ai parlé plus haut de la calèche. La calèche

est à Québec ce que la gondole est à Venise, le *hansom-cab* à Londres, ou la *volante* à la Havane, c'est-à-dire le véhicule caractéristique de la ville. En cherchant bien, on pourrait peut-être encore retrouver lo dernier modèle de ces calèches dans quelques villages reculés du Perche et de la Normandie, pays d'origine de la plupart des Canadiens. C'est une voiture montée sur deux roues de grandes dimensions, et dont la caisse, en forme de balançoire, est suspendue sur deux énormes courroies sur lesquelles elle oscille, au gré de la course, comme une barque se jouant sur la crête des vagues. Cette comparaison est tellement juste que beaucoup de personnes, avant d'être habituées à ce genre de locomotion, éprouvent de véritables attaques de mal de mer lorsqu'elles s'en servent.

A peine débarqué, la calèche vous assaille pour ne plus vous quitter. Sur chaque place publique, que dis-je! à chaque détour de rue, vingt, trente *jéhus* armés de longs fouets se dresseront soudain devant vous, s'écriant en même temps : « Calèche ! calèche, monsieur ! »

Tout près, les calèches s'alignent, on ne peut plus inoffensives, avec leurs petits chevaux qui, l'air tout penaud, semblent dormir. Ne vous y fiez pas trop cependant. Tous ces petits chevaux canadiens, une fois lancés, filent comme le vent, grimpant, grimpant, que c'est une bénédiction, les roides pentes de Québec, ou bien encore les descendant, comme si Satan lui-même eût pris en main les rênes, c'est-à-dire avec une rage d'enfer.

Gare à vous, alors, si vous êtes tant soit peu douillet. Par instants, la calèche sombrant dans une ornière, vous avez la sensation désagréable de quelque chose s'ouvrant au-dessous de vous, et par où vous allez disparaître. Puis, l'instant d'après, grâce à une pointe de pavé plus saillante que les autres — je vous ai déjà dit quel pavé primitif les Québecquois possédaient — toute l'infernale machine se détend tout à coup avec violence, et vous devez vous arc-bouter de votre mieux pour éviter d'être lancé par-dessus les toits. Vous sortez de là harassé, moulu, rompu, jurant *in petto* tous vos grands dieux qu'on ne vous y prendra plus, et..... vous y revenez à la prochaine occasion qui s'offrira. En effet, pour être souverainement incommode, la calèche n'en est pas moins infiniment pittoresque, et, comme telle, elle est assurée de vivre pendant longtemps encore dans l'admiration des voyageurs.

Du reste, avec ou sans calèche, la ville plaît toujours au touriste, j'entends le vrai touriste, celui qui a soif d'imprévu, d'inconnu. Et il en jouira d'autant plus, qu'il aura traversé auparavant plus de villes américaines, toutes pour la plupart uniformément monotones, avec leurs larges rues coupées à angles droits, leurs interminables rangées de hauts édifices, leurs *palace-hotels*, et l'activité fébrile, vertigineuse, de leurs habitants.

A Québec, rien de tout cela, ou si peu qu'il n'y a pas à en parler. Généralement les gens n'y font rien de ce qui se voit ailleurs. Songez donc : on y rencontre des boutiquiers qui attendent la pratique dans une tranquillité sereine, en fumant la pipe sur le seuil de leurs magasins, et des cochers qui menacent à tout instant de faire emballer leurs chevaux. Ces deux exemples sont déjà suffisamment typiques et pourraient me dispenser d'en citer d'autres. Il y a cependant plus encore : à Québec, les hôteliers sont affables, polis, et — juste ciel ! qui le croirait ? — vous écorchent le moins qu'ils peuvent.

Oh ! ces hôtels de Québec, qui redira leur gloire ? Tous vous y ont comme un vague parfum de ces bonnes vieilles tavernes du *Faucon-Noir* et de la *Pomme-de-Pin,* dont parle Alexandre Dumas dans les *Trois Mousquetaires.* Ce sont les mêmes salles basses enfumées, et, tout au fond, les mêmes cabaretiers légendaires, trônant, parmi leurs bouteilles, derrière les mêmes comptoirs d'étain. Au dehors, ce sont les mêmes enseignes, portant quelque nom bien ronflant, qui grincent et qui tournent à tous les vents. La silhouette de d'Artagnan se dresserait soudain en ces lieux que l'on n'en serait aucunement étonné.

De loin, sur le pas de sa porte, l'amphitryon vous sourit, vous accueille de sa courbette la plus engageante. Si vous êtes Français surtout, c'est-à-dire pour lui un frère des vieux pays, sa joie ne connaîtra plus de bornes. Volontiers, n'était le respect qu'il vous doit, vous embrasserait-il sur les deux joues. Dans tous les cas, soyez sûr qu'il descendra au plus tôt à sa cave y chercher un flacon de son meilleur cru, afin de fêter votre arrivée.

On n'en finirait plus si l'on voulait noter toutes les particularités qui distinguent la capitale canadienne. J'en veux citer toutefois une dernière, celle-là même la plus caractéristique, sinon la plus attrayante. Je veux parler de l'endroit connu à Québec sous le nom de la « Terrasse ».

Je vous défie bien d'être devenu Québecquois depuis seulement vingt-quatre heures sans vous entendre demander obligeamment : « A propos, si nous allions faire un tour sur la Terrasse ? »

C'est qu'aussi cette Terrasse est une promenade unique en son genre. Partout ailleurs qu'à
Québec, du moment qu'il aurait été question
d'établir un mail quelconque, on eût, selon
toute probabilité, sur l'emplacement choisi,
et situé en dehors du quartier des affaires,
ratissé des allées, planté des arbres, semé des
fleurs, esquissé des quinconces, des plates-
bandes, que sais-je encore? C'est là la phase
préparatoire et obligatoire des grandes promenades publiques urbaines. Hyde-Park, les
Tuileries, le Luxembourg n'en ont guère connu
d'autres.

Pour la Terrasse de Québec, on n'a rien fait
de tout cela, et l'on s'en est très-bien trouvé.
Figurez-vous une sorte d'immense plate-forme,
ou plutôt un gigantesque parapet de 600 mètres
de longueur, par 50 de largeur, accroché à environ 60 mètres du sol, et à mi-chemin de la
citadelle, aux flancs de cette partie du roc qui
regarde le fleuve. Çà et là, des kiosques élé-
gants. Là-haut, la masse sombre de la citadelle,
accroupie dans une pose de sphinx menaçant,

avec la croix de Saint-Georges se déroulant au vent. Tout en bas, le grouillement de la ville basse, l'enchevêtrement des toits, des rues étroites et noires, où se meut une population de marchands, de matelots et de manœuvres. Plus loin, le Saint-Laurent, que sillonnent en tous sens les bateaux passeurs, les steamers et les voiliers venus de la haute mer, ou bien encore les nombreux *steamboats* faisant le service du cabotage. Puis enfin, pour arrière-cadre, s'étendant à perte de vue par delà les rumeurs et les fumées de la ville, le panorama admirable des environs de Québec, ce panorama devant lequel plus d'un voyageur s'est laissé aller à répéter le célèbre « *Vidi Neapoli e più mori* » de la vieille Europe.

La Terrasse, surtout, offre un spectacle particulièrement enchanteur au déclin d'une belle journée de printemps ou d'été, et par l'une de ces resplendissantes soirées pour lesquelles le pays est si justement renommé. A l'horizon, le soleil s'enfonce dans un embrasement de pourpre et d'or, allumant par toute la ville, aux flèches des églises, aux fenêtres des édifices, des lueurs rougeâtres d'incendie, et faisant miroiter au loin, sur le fleuve, comme une immense coulée de lave incandescente, aveuglante. Peu à peu tout cela se fond, devient indécis, puis soudain disparaît après avoir brillé, durant une minute, d'un éclat plus vif. Un grand calme, une admirable sérénité montent alors de la nature. Une à une les étoiles scintillent sur le velours bleu du ciel, prélude de l'illumination qui tout à l'heure va devenir générale. A cette hauteur, sur cette Terrasse de Québec placée entre le fleuve et le ciel, on ressent, à ce moment du jour, une des émotions les plus pénétrantes qu'il puisse être donné d'éprouver.

La Terrasse, maintenant, est devenue plus animée. D'instant en instant des groupes joyeux, toujours de plus en plus pressés, y font irruption. Bientôt le tout Québec sera là, s'abordant, se saluant, causant et devisant. Beaucoup de jeunes filles et de jeunes femmes, la plupart remarquablement belles, toutes petites et mignonnes avec des carnations fraîches et rosées. A l'instar de la Grenade andalouse du poëte, la vieille cité canadienne aime à secouer, elle aussi, chaque soir, hors de ses murs, les joyaux les plus précieux de sa corbeille, c'est-à-dire toutes ses jeunes femmes en robes blanches et bleues, à l'œil lutin, à la bouche rieuse.

Tout à coup les cuivres de la musique militaire éclatent, enlevant avec netteté une harmonie puissante et grandiose dans l'air pur de la nuit. La rampe s'est à cette heure illuminée, plongeant ses feux électriques tout en bas, jusque dans les eaux du Saint-Laurent, effaçant de l'éclat de ses lampes Edison les mille points lumineux de la ville basse, et, au loin, de l'autre côté du fleuve, les scintillements de Lévis, dont les maisons, escaladant la falaise, viennent de s'allumer. Parfois une frégate, mouillée dans la rade, se joint à la fête en se faisant une ceinture de falots de diverses couleurs, tandis que, du pont, s'échappent de temps à autre des bouquets de feux d'artifice. Le *God save the Queen* a depuis longtemps déjà

donné le signal du départ, et depuis longtemps aussi, des flancs de la citadelle noire, au-
dessus de nos têtes, a jailli le feu rouge du
couvre-feu, et pourtant on reste là, accoudé,
rêvassant et fumant force cigares, dans une paix,
une plénitude de bien-être inexprimables.

BEAUPORT, VILLAGE AUX ENVIRONS DE QUÉBEC

CHAPITRE V

En dépit des facilités de communications
et d'informations qui augmentent chaque jour,
la plupart des Français n'ont cependant encore
qu'une idée bien imparfaite ou bien vague de ce
qu'est réellement aujourd'hui cette province
de Québec cédée en 1763 à l'Angleterre par le
désastreux traité de Paris. Bien entendu, je
n'irai pas jusqu'à leur attribuer l'admirable
ignorance de ce Parisien, rencontré il y a quelque temps en tramway, et qui, au cours d'une
conversation sur le Canada, me fit soudain

tomber de mon haut par cette observation pour
le moins saugrenue :

— Ah! oui, le Canada, on s'y rend bien
vite aujourd'hui depuis le percement de l'isthme
de Suez !

Je vous accorde volontiers que le cas de cet
apprenti géographe est un fait extraordinaire.
Encore le Français aurait-il mauvaise grâce à
ne pas admettre qu'il ignore beaucoup de choses
à l'endroit des habitants de ce pays. L'une des
erreurs les plus communément répandues est
celle qui consiste à croire que si l'on parle le
français au Canada, ce doit être en tout cas un
français bien dégénéré, quelque chose comme
le patois des nègres de la Martinique et de la
Guadeloupe; et j'ai encore à la mémoire le
geste de profonde stupéfaction d'une dizaine de
personnes, lorsque je leur montrai ici quelques
numéros de journaux canadiens, ayant tous,
ma foi, fort belle apparence, et de plus rédigés en bel et bon français. La plupart n'en
revenaient pas. On leur eût mis sous les yeux
un affreux mélange d'iroquois et d'algonquin

qu'ils eussent été moins étonnés, tant ils étaient convaincus que l'on ne pouvait se servir couramment au Canada que de ces deux langues indiennes.

La vérité est que le Canadien des rives du Saint-Laurent n'a jamais parlé autre chose que la langue de Racine, sa seule et vraie langue maternelle, à lui léguée par ses ancêtres venus de la vieille France, et qu'il conserve avec un soin jaloux comme un joyau d'un prix inestimable.

Il y a plus encore. Cette langue française, le Canadien s'est toujours efforcé de la parler le plus purement possible, et si l'on en excepte certaines expressions du cru, inévitables dans un pays d'aspect si différent des contrées européennes—expressions pour la plupart, du reste, empreintes d'un pittoresque chatoyant ou d'une délicieuse poésie, — on est certes bien forcé d'avouer qu'il s'est acquitté jusqu'ici avec le plus grand honneur de sa tâche. Les salons de Québec, surtout, ont de tout temps tenu, au Canada, à être le foyer où sont venus tour à tour se recruter et se retremper les adeptes dans l'art de bien dire, et pas n'est besoin d'ajouter que, plus que jamais aujourd'hui, ils gardent haut et ferme, parmi la jeune société française américaine, le sceptre de cette supériorité. N'était un léger puritanisme britannique, conséquence du contact continuel avec les Anglais, et qui est cause qu'on trouverait là-bas d'un goût plus que douteux les mille et un petits traits, épicés de sel gaulois, qui forment en France la menue monnaie de la conversation courante ; n'était, dis-je, ce puritanisme, ce serait à se croire soudainement transporté, dès le seuil d'un salon de Québec, dans l'un des plus aristocratiques hôtels du faubourg Saint-Germain, c'est-à-dire au sein même de toutes les élégances, de tous les raffinements de la civilisation, de toutes les bienséances de langage, qui constituent ce qu'on appelle communément le « grand genre », ce qui ne veut guère dire, on le sait fort bien, que ni la simplicité ni la bonne humeur en soient exclues.

Mais nous n'aurions pas, pour nous convaincre, toutes ces traditions de bonne compagnie si fidèlement suivies par la société de Québec, que les efforts des poëtes et prosateurs canadiens devraient nous persuader, ce semble, que la belle langue de la France est par delà l'Atlantique entre bonnes mains, et que nous ne courons aucun risque de l'y voir péricliter. Il n'y a pas si longtemps encore que Paris apprenait un beau matin, avec un étonnement rempli d'allégresse, que l'Académie avait cru devoir couronner un joli volume d'outre-mer, *Fleurs boréales et Oiseaux de neige,* dû à la plume de l'un des écrivains les plus distingués du Canada, M. Louis H. Fréchette. Peu de temps après, M. le comte de Foucault, au retour d'un voyage au Canada, publiait dans le *Monde* une série d'articles remarquables sur la poésie canadienne, en y joignant de nombreux extraits des œuvres qu'il désirait faire connaître. Du coup, ce fut une révélation.

C'est à la cité de Québec que les Canadiens sont redevables de la plupart de leurs écrivains.

Et si l'on ne peut la surnommer le « Paris du
Canada », puisqu'elle est loin d'en être le centre
le plus important, les friands des travaux de
l'esprit y trouvent cependant tous les avantages
d'une capitale, c'est-à-dire une Université, des
bibliothèques, des salles de conférences, etc.,
et en même temps aussi, ce qu'ils chercheraient
sans doute vainement ailleurs en Amérique,
la tranquillité, le calme nécessaires aux hautes
spéculations de la pensée. Au pied du roc de
Québec, en effet, tous les bruits de l'extérieur
viennent s'éteindre et mourir. A peine çà et là,
par fugitives échappées, quelques échos des
vaines agitations du monde sous forme de dis-
tractions fournies par quelque troupe drama-
tique ou d'opéra, de passage dans le pays.
L'hiver, c'est encore bien pis : la neige n'a pas
plutôt déroulé son épais manteau blanc, que
Québec se verrouille, se claquemure, se renferme chez lui, faisant claquer ses portes avec
violence au nez des intrigants et des impor-
tuns.

Du reste, à aucune autre époque de l'année

l'écrivain canadien ne pourrait trouver de plus
féconds sujets d'inspiration que ceux que lui
fournit l'hiver à la fois si sain et si rigoureux
de son pays. On ne connaît guère en Europe,
excepté peut-être au nord de la Russie, l'étin-
cellement radieux de ces superbes journées
hyperboréennes, alors que le soleil, décrivant
son arc dans un ciel immaculé, petille et flam-
boie sur les campagnes enneigées, pour disparaître, sur le soir, comme submergé dans une
immense mer de sang dont les flots accour-
raient, pressés, à sa rencontre ! On n'y peut
avoir idée du charme suprême, de l'ineffable
apaisement de ces longues nuits si sereines,
nuits admirablement étoilées, où le bleu de la
voûte céleste et les blancheurs qui recouvrent la
terre se fondent peu à peu en une vague teinte
laiteuse qui donne aux objets des dehors fan-
tastiquement mystérieux ; où encore parfois les
aurores boréales, se jouant là-haut dans le fir-
mament en mille et un zigzags lumineux, courent, volent, s'entre-croisent, se déploient,
livrant soudain à l'œil ébloui la vision dan-

tesque de paysages et de palais fantastiques qui, tour à tour, vont s'entassant, s'échafaudant jusqu'au zénith avec une rapidité prodigieuse, puis s'écroulent tout aussitôt dans un effondrement de flammes diaprées, d'où tombent à travers l'espace de subites fulgurances, et des irradiations d'une intensité inouïe.

De bonne heure, les écrivains canadiens reçurent et gardèrent l'impression de cette grandiose nature hivernale qu'ils avaient sous les yeux pendant cinq mois. Leur phrase se déroulait, calme, imperturbable, souvent majestueuse, pleine de métaphores hardies, la plupart du temps respirant une extrême mélancolie, que parvenait bien rarement à secouer la pétulance du sang gaulois. Dans la suite, tout cela s'accentua pour s'incarner en deux œuvres d'une puissante originalité, qui soulevèrent — même en France, où quelques rares chercheurs eurent alors la joie de les savourer — une bien vive admiration : je veux parler de la *Promenade des trois morts* du poëte Octave Crémazie, et des *Légendes* de M. l'abbé Casgrain.

Chose qui semble étrange, et qui pourtant
s'explique, la littérature canadienne en était
arrivée peu à peu à rappeler par plus d'un côté
celle du peuple russe, lequel, tout en s'inspi-
rant avec bonheur des traditions littéraires de
la France — dont, du reste, il manie la langue
avec une grande facilité, — livre encore tous les
jours à l'Europe lettrée une foule d'œuvres éminemment caractéristiques, où se reconnaît quand
même l'empreinte de la griffe moscovite. Qui ne
se souvient à cet égard de certaines pages ma-
gistrales de Tourgueneff? Or, à un moment, je
le répète, dans les deux seuls pays où, en dehors de la France, on a depuis continué à
écrire et à penser en français, ceux qui s'y
adonnaient au culte des lettres en étaient arrivés à fraterniser, en dépit de l'immense espace
qui les séparait, dans une même association
d'idées qui paraissait être définitive. On le devine déjà, il n'y avait pas si loin, après tout,
des bords glacés de la Néva aux paysages ennei-
gés qui se profilent le long du Saint-Laurent, et
une nature hivernale à peu près identique et

d'une égale durée était ici seule en cause. On n'aurait, pour s'en convaincre, qu'à comparer quelques-unes d'entre les œuvres canadiennes les plus originales avec, entre autres, le très-remarquable choix de poésies russes, réunies en un seul volume, il y a quelque quarante ans, par le prince Élim Mestcherski[1].

Depuis, malheureusement, ce cachet d'originalité, qui constituait le principal charme de la littérature canadienne, a presque complétement disparu, et c'est à peine si l'on en retrouve quelques traits particuliers dans les productions contemporaines. D'où vient ce déclin? Quelque paradoxal que cela puisse paraître, je l'attribue en grande partie à l'action exercée sur cette littérature par le mouvement intellectuel de la France. Cette action a joué ici le rôle d'un de ces astres qui attirent tôt ou tard dans leur orbite les mille et un petits mondes qui, auparavant, se mouvaient épars et en toute liberté dans l'éther.

[1] *Études russes,* un vol. in-18. — Paris, 1846, librairie Amyot.

En effet, les écrivains contemporains du Canada, que de nombreuses et faciles relations
avec la France ont tenus continuellement, depuis
une vingtaine d'années surtout, au courant de
son mouvement littéraire, ne pouvaient que bien
difficilement échapper à la séduction qu'ont
exercée ici même sur leurs compatriotes ces
maîtres en l'art d'écrire, qui se nomment Hugo,
Musset, Lamartine, Gautier, et plus tard Leconte
de Lisle, Coppée, Prud'homme et Daudet. Qui
dira les rabâchages dont les gazettes canadiennes furent encombrées à la suite de la lecture des *Orientales* ou des *Harmonies?* Un moment, on put croire que le poëte immortel des
Nuits avait élu domicile au sein de ce jeune
peuple plein de séve, haut en couleurs et nulle-
ment certes désespéré, tant la note larmoyante
dominait dans les interminables élégies qui pleu-
vaient de toutes parts. Qui l'aurait pensé? même
les *Châtiments* trouvèrent un imitateur. Ce
retentissant coup de trompette, parti de Guer-
nesey, n'avait pas plutôt fait tressauter Napo-
léon III, qu'immédiatement au Canada un poëte,

doué du reste de beaucoup de talent, se mit aussi en campagne contre les moulins de son imagination, et vous broda dare-dare, tout cela quand il n'y avait peut-être pas lieu de fouetter un chat, une douzaine de chants d'une violence inénarrable, quasi puérile, et qu'il intitula emphatiquement : *la Voix d'un exilé.*

Et pourtant tous ceux qui aspirent aujourd'hui, au Canada, à jeter les bases d'une littérature franco-américaine n'auraient que bien peu de chose à faire, s'ils le voulaient, pour redevenir eux-mêmes : tout simplement tourner un peu plus leurs regards vers leur beau et grand pays, prêter une oreille attentive aux rumeurs profondes qui s'en échappent, et surtout puiser à pleines mains dans leur histoire si féconde en épisodes émouvants et entraînants. C'est ainsi que procédèrent les Edgar Poë, les Bryant, les Longfellow, quand ils voulurent doter les États-Unis d'une poésie anglaise qui leur fût essentiellement propre, autrement dit qui ne rappelât en rien, si ce n'est par la langue, les Byron, les Shelley et les Tennyson de la vieille Angleterre.

L'histoire du Canada! Lorsque, en 1845, parut à Québec le premier volume de l'ouvrage où M. Garneau racontait les hauts faits des preux et des vaillants qui contribuèrent à asseoir la domination de la France sur les rives du Saint-Laurent, ce fut jusqu'en ce pays un long cri d'admiration, admiration qui ne fit encore que s'accroître lors de la publication des deux autres volumes. M. Dussieux lisant un jour, aux élèves de l'École militaire de Saint-Cyr, l'admirable récit des deux batailles des plaines d'Abraham, fait par l'historien canadien, était salué et interrompu à tout instant par des tonnerres d'applaudissements. A quelque temps de là, M. Henri Martin, parlant dans sa grande *Histoire de France* de la guerre de 1755, citait aussi à plusieurs reprises des extraits du travail de M. Garneau, dont, ajoutait-il, il ne pouvait se séparer sans émotion. Certains passages, surtout, d'une lettre qu'il écrivit alors à l'auteur de l'*Histoire du Canada,* en réponse à des remer-

ciments de ce dernier, méritent d'être rappe-
lés ici comme exposant, dès ce moment, des
vues d'une sérénité touchante et bien faites par
leur grandeur pour séduire la nationalité française d'Amérique :

« Je n'ai fait, écrivait M. Henri Martin, que
m'acquitter d'un devoir en rendant justice à vos
consciencieux travaux. Puissent ces échanges
d'idées et de connaissances entre nos frères du
nouveau monde et nous se multiplier, et contribuer à assurer la persistance de l'élément français en Amérique! A part nos sympathies natio-
nales, à nous autres, il y a un grand intérêt de
civilisation à ce que l'élément anglais, de *pré-
pondérant,* ne devienne pas *unique* du pôle nord
jusqu'à l'isthme, et n'absorbe pas totalement
les éléments français et hispano-indien. La variété est le principe du progrès. »

M. Ampère, M. Rameau, M. Xavier Marmier,
pour ne citer ici que quelques noms, ne taris-
sent pas non plus, dans les récits qu'ils ont don-
nés de leurs voyages en Amérique, sur les
beautés de l'*Histoire* de M. Garneau. Ce qui en

fait le charme principal, c'est la grandeur si simple, tenant de l'antique, de tous ces héros, tant soldats que missionnaires ou pionniers, qui, mordus au cœur par un insatiable besoin de sacrifice, allié à l'âpre désir de plonger plus loin, toujours plus loin dans l'inconnu, luttaient en guerriers d'Homère contre des forces, des fatalités sans cesse renaissantes, puis tombaient souriants, tout comme jadis leurs ancêtres gaulois sous la framée de l'ennemi vainqueur. A partir de la première expédition de Jacques Cartier, les années se déroulent ainsi sous la plume de l'historien, à la fois dramatiques et poétiques; et par poésie il faut entendre ici, non pas tant le lyrisme du style, que certains éclats de mots inattendus qui illuminent la phrase, évoquant soudain devant vous la vision merveilleuse d'une nature étrangement nouvelle, et vous faisant forcément vous oublier dans tout un monde de pensées.

Je me suis moi-même arrêté bien souvent à songer qu'un Alphonse Daudet, par exemple, trouverait, dans ces pages, matière à plus d'un

6

de ces ravissants petits contes de fantaisie historique, qui ont fait ici la réputation de l'auteur du *Nabab*, et ce m'est un bien vif étonnement que l'on ne s'en soit pas déjà avisé au
Canada. Mettre la fantaisie dans l'histoire!
Mais oui, et cela est même parfois d'une intensité de vie très-réelle, témoin ce naufrage
de la *Sémillante* reconstitué par M. Daudet,
pendant une nuit de tempête où il s'était
lui-même attardé à faire la causette avec des
bergers, autour d'un grand feu allumé sur la
côte de Corse, près du détroit de Bonifacio.
Que de drames ignorés se sont aussi joués à
travers les solitudes du nouveau monde, dans
le temps des combats à outrance pour la possession du pays, drames dont toutes les péripéties
formeraient, réunies, l'un des volumes les plus
saisissants qui se puissent imaginer! L'ouvrage
de M. Garneau sur les genoux, et là-bas l'autre
grand livre de la nature canadienne large
ouvert sous les yeux, cette besogne de résur-
rection se poursuivrait pièce par pièce avec une
facilité inouïe, pour se résumer bientôt en un

tout d'une originalité captivante. Ce serait enfin,
comme dirait M. Francisque Sarcey, le « livre
à faire ».

Tenez, en voulez-vous une preuve? Je choisis au hasard entre mille sujets tous plus ou
moins attrayants. Dans les commencements
de la Nouvelle-France, nous raconte-t-on,
au plus beau des escarmouches journalières
avec les Iroquois, il arrivait souvent, surtout
en hiver, que des hommes préposés à la garde
des nombreux fortins disséminés sur toute
l'étendue du territoire, disparussent tout à
coup pour ne plus jamais revenir. « Ils se sont
égarés sans doute dans les alentours, ou bien
ils sont tombés dans une embuscade de sauvages », se disaient alors entre eux leurs camarades désolés. Puis peu à peu le silence et l'oubli recouvraient la catastrophe, et il n'en était
plus autrement question.

— Mais il me semble que nous n'avons pas
vu Yvon de la journée. Lui serait-il, à lui aussi,
arrivé malheur ?

Je ne sais, mais je m'imagine que cette question a dû être posée jadis maintes fois là-bas, les soirs de garde, alors que les soldats du Roi de France roulaient leurs dés sur les peaux sonores des tambours, s'apprêtant ainsi à tuer les longues heures de la veillée.

A première vue, il n'y a rien là, dans ce cas isolé et banal de la disparition d'un homme, qui vaille la peine d'être raconté. Cependant, creusez un peu le sujet, et vous verrez tous les éléments d'une tragédie des plus poignantes s'y grouper d'une façon progressive et continue.

Pourquoi Yvon? Mon Dieu! j'ai dit Yvon comme j'aurais dit Jean ou Pierre, il n'importe. Seulement, « Yvon » est peut-être plus « couleur locale ». Il en arrivait tant alors, au Canada, de ces Bretons ; et, vous le savez, tous les Bretons se nomment Yvon. Et puis ce nom vous a comme une belle allure de jeunesse candide et martiale qui plaît infiniment. Volontiers on se figurerait, en le prononçant, un beau grand jeune gars, aux yeux bleus à la fois doux

et hardis, l'air bien résolu, avec un léger brin
de mélancolie répandue sur la physionomie, de
quoi en faire un « quelqu'un » assez intéressant, en un mot.

Cet Yvon donc, puisque Yvon il y a, s'est
éloigné dans la matinée pour aller faire, si vous
le voulez, une promenade. Il faisait si beau,
le soleil brillait avec tant d'éclat sur la plaine
enneigée, qu'il n'avait pu se résoudre à tenir
plus longtemps dans la salle enfumée du corps
de garde. Aussi bien, la campagne était libre
depuis des semaines de rôdeurs indiens. Et puis
— pourquoi ne pas le dire tout de suite? — il
s'était senti une irrésistible envie d'aller rêver
un peu d'une payse, une sienne cousine aux
cheveux dorés comme une madone, qui avait
pleuré bien fort sur la pointe de Penmarch,
quand le vaisseau qui emportait son fiancé vers
le Saint-Laurent, avait disparu à l'horizon. Il se
trouvait toujours ainsi plus seul à seul avec la
chère vision, loin de ses camarades qui le bla-
guaient — un surtout, un grand diable de sergent surnommé Va-de-bon-cœur — chaque fois

qu'ils surprenaient chez lui quelques fugitifs soupirs d'amoureux. Mais voyez donc quel chemin l'imagination — cette folle du logis — nous a déjà fait parcourir!

Depuis combien de temps Yvon était-il parti? A coup sûr il n'eût pu le dire, tellement ses pensées l'avaient absorbé. A un moment, toutefois, de longues bandes de nuages grisâtres, qu'il aperçoit montant lentement vers le soleil, viennent l'avertir de l'approche d'une bourrasque de neige et l'inviter à rebrousser chemin. Mais quoi! ne tentera-t-il pas auparavant de s'emparer de quelqu'une de ces belles pièces de gibier qui foisonnent dans les alentours? Les bonnes gorges chaudes que feraient ses camarades en le voyant revenir bredouille! car, il ne faut pas l'oublier, il leur a dit en se séparant d'eux qu'il partait pour la chasse. Et puis, son fusil sonnait si allègrement sur son épaule, ne demandant qu'à parler! Justement, voici que, à la lisière du bois, quelque chose grouille et s'agite. Le doigt sur la gâchette, il s'approche, fouillant du regard le taillis redevenu immobile.

Il va y pénétrer. Tout à coup un sifflement, un choc aigu, effroyable, et le pauvre Yvon tombe à la renverse, la poitrine trouée d'une flèche qui s'y est enfoncée toute vibrante.

La douleur lui fait perdre connaissance. Son sang s'échappe maintenant à larges flots, rougissant tout autour la neige. Quand il rouvre les yeux, un spectacle hideux l'attend. Courbés sur lui, et le guettant d'un regard avide, flamboyant, se tiennent les rouges Indiens des solitudes américaines, ces Iroquois féroces qu'il sait impitoyables. L'un d'eux, avec un sourire de démon et brandissant un coutelas, vient de lui soulever la tête. Il sent comme un trait de feu lui courir tout autour du crâne. Mon Dieu! est-ce déjà là ce scalp dont il a tant entendu parler? La sensation de ce fer, aussi, est horrible. C'en est trop, et une seconde fois il s'évanouit.

Quand il se réveille de nouveau, il est seul. Tout là-bas le soleil s'est ménagé à l'horizon une étroite bande de ciel bleu pour envoyer à la terre un dernier adieu, et là-haut les nuages

se massent de plus en plus. Bientôt tout s'obscur-
cit, et, avec le crépuscule, la neige commence
à tomber. Elle tombe molle et silencieuse, par
épais flocons ouatés, avec des caresses, des
enveloppements d'endormeuse. Avec la nuit,
cependant, elle se fait plus précipitée, plus
serrée, oscillant par bouffées sous le vent,
qui maintenant emplit de vagues sonorités
la forêt voisine. La bourrasque va venir.

Yvon, de temps à autre, écarte d'un bras la
neige qui monte et s'accumule, menaçant de
l'ensevelir; et cependant il remue le moins possible, à cause des souffrances atroces que le plus
petit mouvement lui fait éprouver. Une fois seulement, il a fait un effort héroïque. Se ressou-
venant, il a porté la main au-dessus de son
front et l'en a retirée précipitamment, en poussant un long cri qui n'avait plus rien d'humain.
Ses cheveux, il ne les a plus. A leur place, une
immense surface dénudée, sanguinolente, qui
devait être épouvantable à voir. Et puis il ne
peut pas se lever. Va-t-on donc le laisser mourir
ainsi? Mais non, ses camarades doivent s'être

mis à sa recherche. Un intense besoin de vivre
le secoue. Il veut revoir à tout prix l'humble village où il est né, et sa Jeanne adorée, sa Jeanne
belle comme une madone qui prie pour l'ab-
sent, loin, bien loin.

Mais oui, il vivra! Ne souffre-t-il pas beaucoup moins maintenant? Il ne sent plus même
ce froid de sinistre augure, qui tout à l'heure
envahissait son cœur. Rêve-t-il? Mais il lui
semble qu'une musique d'une douceur infinie
résonne au loin, à travers la nuit noire, complétement venue. Et puis, toutes sortes
d'êtres délicieux en blanches robes, avec
des sourires d'une fascination étrange, et de
grandes ailes qui battent mollement, passent et
repassent dans le ciel, l'invitant à les suivre.
Ah çà, mais, est-ce qu'il va encore durant
bien longtemps se repaître de toutes ces
jouissances? Et précisément, ce soir-là, le
sergent Va-de-bon-cœur l'attend pour monter
la garde.....

.   .   .   .

Le lendemain, le soleil reprend sa course

glorieuse. Partout, un même uniforme manteau blanc, épais et moelleux, recouvre vallons, collines et montagnes. Ce matin-là, la cause de la France en Amérique compte un martyr de plus.

PALAIS DE GLACE, A MONTRÉAL.

CHAPITRE VI

De Québec, pour se rendre à Montréal, on a
le choix entre trois routes : le Saint-Laurent,
le chemin de fer de la rive nord, et celui de la
côte sud.

La voie du fleuve est sans contredit la plus
agréable. Durant la belle saison, les superbes
bateaux du Saint-Laurent, qui font le service
entre les deux villes, sont littéralement pris
d'assaut, surtout par les touristes venus des
États-Unis.

Ils méritent d'ailleurs la vogue dont ils jouissent. Le voyageur n'est pas plutôt installé que déjà il a oublié les mille petits ennuis qui sont la conséquence de tout déplacement. Là dedans il respire et se meut à l'aise, absolument comme dans son *home*. Pas un de ses désirs qui n'y ait été prévenu, pas une de ses habitudes les plus chères qu'il ne puisse satisfaire. Salons spacieux, restaurant, buffet, salles de billard et de lecture, fumoirs, etc., tous les conforts, en un mot, d'un hôtel de première classe lui procurent une soirée des plus charmantes. Puis, vers minuit, le sommeil venu, sa cabine est là qui l'attend, la cabine du bord, si proprette et si fraîche, avec son lit bien blanc dans lequel il reposera, sans secousse et sans bruit, jusqu'au matin. Le temps ensuite, sa toilette faite, d'aller griller une cigarette sur l'avant-pont, en humant avec délices l'air matinal, et devant lui, tranchant au loin sur les éternelles perspectives vertes et bleues des champs et du fleuve, se dessinera sous le soleil une longue ligne grise avec des scintillements de toits de métal et de flèches d'églises. C'est Montréal.

Autant Québec a frappé le touriste par sa physionomie quelque peu archaïque, par sa tranquille et solennelle vétusté, autant Montréal l'étonnera par son activité et sa splendeur toute moderne. Le fait est qu'on pourrait difficilement rencontrer dans un même pays deux villes plus dissemblables. L'une tâtonne, hésite, ne se meut qu'avec la plus grande circonspection; l'autre court, vole à son but, possède le coup d'œil et la sûreté de main des hardis et des jeunes. Une *bravura* bien américaine, en un mot.

Un exemple fera mieux ici saisir cette différence.

Une fois l'an, vers la même époque, Québec passe par quelques jours de noire colère. C'est en septembre, au moment de la grande Exposition provinciale annuelle des produits de l'agriculture et de l'industrie. La vieille ville s'évertue alors à crier à tue-tête qu'il lui faut coûte que coûte cette Exposition; que l'on a déjà depuis trop longtemps oublié ses titres imprescriptibles à se mettre en avant, et que, si l'on continue quand même à lui refuser justice, il y aura certes péril en la demeure. Les ministres sourient à la douairière, l'apaisent, la flattent, lui promettent monts et merveilles. Aussitôt, Québec rentre ses ongles, et, croyant déjà tenir son Exposition, nomme l'inévitable comité général, lui-même flanqué de plusieurs sous-comités, puis les séances sont ouvertes, et les discussions commencent. Hélas! peines perdues! Une première commission d'enquête, chargée du soin d'un local, n'a pas encore présenté son rapport, et les sous-commissions ne se sont même pas encore mises en branle, que déjà Montréal, plus pratique, bien que moins savant, en est à mettre la dernière main à la toiture de son Palais d'industrie, lance de tous côtés ses invitations et organise les trains d'excursion qui devront faire affluer dans ses murs l'or du pays. Le tour est joué, et Québec, après un gros soubresaut d'indignation, en prend paisiblement son parti, quitte à donner vent l'année suivante à une nouvelle explosion de colère.

Montréal renferme à cette heure 200,000 habitants, et Québec 80,000, et quand plus tard, sans doute, cette dernière ville aura à peine 100,000 âmes, sa rivale ne sera pas loin des 500,000, et continuera encore de plus belle sa marche en avant.

L'admirable situation de Montréal la destinait du reste depuis longtemps à devenir par excellence le centre de production du Canada. Tout près, l'Ottawa, autre fleuve géant, vient se jeter dans le Saint-Laurent, offrant ainsi un moyen de communication sûr et rapide avec une immense et riche région encore bien peu exploitée aujourd'hui. Puis les Grands-Lacs sont là, à une journée de route à peine de la ville par le Saint-Laurent, les Grands-Lacs qui ouvrent la voie de cet énorme grenier d'abondance, appelé « l'Ouest-Amérique », dont les millions d'hectolitres de blé prendront sans doute avant peu le chemin de la métropole canadienne, pour de là se diriger vers l'Océan et l'Europe.

L'industrie et l'esprit d'entreprise des habitants de Montréal ont fait partout des prodiges.

De tous les points des États-Unis et du Canada, des chemins de fer, des canaux rayonnent vers leur cité, et à l'heure qu'il est on met tout en jeu pour obtenir que le tracé de la voie ferrée du grand Transcontinental Canadien — qui bientôt traversera de part en part, de l'Atlantique au Pacifique, l'immense territoire de l'Amérique britannique — soit tel que Montréal surtout puisse en retirer à l'avenir les plus grands avantages.

La ville est superbement bâtie, en belle pierre grise tirée des carrières de la montagne à laquelle elle est adossée, et l'on pourrait presque, en parcourant ses rues, se croire dans une capitale de l'Europe. Les églises y sont nombreuses et d'une rare somptuosité, entre autres Notre-Dame, qui rappelle d'assez près la basilique du même nom à Paris, et qui peut contenir dix mille personnes ; puis la cathédrale anglicane de Saint-Georges, l'un des plus purs monuments d'architecture gothique qui se puissent voir. Viennent ensuite quelques établissements d'éducation, le Grand Sémi-

naire, le Collége des Jésuites, l'Université
Mac Gill, le Collége de médecine Victoria.
Beaucoup d'autres édifices sont aussi très-
remarquables : le Palais de justice, aux belles
lignes graves et sévères; l'hôtel Windsor,
immense et majestueux caravansérail qui peut
supporter la comparaison avec tout ce que l'on
trouve de mieux en ce genre tant en Europe
qu'en Amérique; l'hôtel des Postes, le Grand
Hôpital, l'Hôtel de ville, etc.

Montréal est aussi réputé pour la grande
richesse de ses établissements de finance et de
haut commerce. Quelques Banques sont de véritables monuments publics, et certains de ses
grands magasins, vrais temples érigés à la toute-
puissance du dieu Dollar, figureraient avec
éclat sur les places publiques de bien des capi-
tales, à côté des palais princiers. Le long des
rues principales, mille coquettes et élégantes
boutiques sollicitent comme à Paris, par l'at-
traction de leurs vitrines, l'attention des pro-
meneurs, et tout le jour, de fringants équipages y stationnent, absolument comme aux

portes des grands établissements des boulevards de Paris. Les riches déploient un grand luxe dans l'ornementation de leurs hôtels. La plupart, entourés de massifs de fleurs et de verdure, offrent un coup d'œil ravissant alors que, roulant en voiture sous les fraîches et épaisses frondaisons des avenues, on en suit les longues perspectives se succédant à l'infini.

Le nom de Montréal devra rappeler à plus d'un lecteur le souvenir de ce carnaval d'hiver d'un genre si particulier dont les journaux français ont raconté les magnificences à leurs lecteurs, et notamment un certain palais de glace, aux proportions gigantesques et féeriques, qui semble emprunté au royaume d'Aladin.

Au fond, rien n'est plus simple que la construction de cette merveille, qui se fait à Montréal en un tour de main. Devant la ville, le Saint-Laurent, gelé en février sur une épaisseur d'un mètre, fournit les matériaux en abondance. Des machines attaquent la glace, la scient en beaux

STEEPLE-CHASE EN RAQUETTES.

blocs bien réguliers, puis les travaux d'édification commencent. En peu de jours tout est prêt, et là où, une semaine à peine auparavant, on ne voyait qu'une place déserte, s'élève maintenant l'étrange monument dont les parois de cristal étincellent sous le soleil comme les mille et une facettes d'un gigantesque diamant. Qu'on ne crie pas au prodige! On y donne même des fêtes à l'intérieur, pendant le carnaval, et pour ma part je ne sais pas de spectacles qui vaillent l'aspect de cette salle de bal, quand, sous les rayons électriques tombés des voûtes et centuplés par la réverbération des glaces, les couples tournoient et tourbillonnent. On croirait assister à l'un de ces ballets du royaume des fées, comme jamais certes imagination de Jules Verne, ou fantaisie de directeur du Châtelet, n'en a pu jusqu'ici concevoir.

Le carnaval de Rome dure onze jours pleins; celui de Montréal, six jours. Du moins, ce fut là, l'hiver dernier, l'espace de temps consacré à ces réjouissances. On ne saurait encore préciser au juste quelle sera dans l'avenir leur durée définitive, car si les fêtes de la vieille Rome sont aujourd'hui passées dans les mœurs de ses habitants, celles du carnaval de Montréal n'en sont encore qu'à leur seconde année.

Une première tentative d'un carnaval d'hiver avait été déjà faite en 1883, en vue de montrer comment on pouvait, au Canada, rendre la vie non-seulement supportable, mais même très-agréable pendant la saison des glaces. Le jugement porté par les milliers d'étrangers qui visitèrent alors la ville prouva surabondamment que l'on avait eu raison de lancer l'entreprise. L'an dernier, le Canada tout entier et une bonne partie des États-Unis s'en émurent longtemps d'avance. Le grand jour arrivé, les hôtels furent débordés, et les compagnies de chemins de fer durent demander grâce. Il se trouva là des représentants de tous les grands journaux d'Amérique pour entretenir leurs lecteurs des merveilles qui se préparaient, et le câble transatlantique même fut mis à contribution pour envoyer jusqu'en Europe les échos de ces fêtes.

Les trois principaux genres d'amusements du carnaval de Montréal sont : le patin, le *toboggan*, appelé aussi « traîne sauvage », et la raquette.

Le patin canadien ne diffère guère de celui dont se sert la *fashion* de Paris au bois de Boulogne. Seulement, au Canada, le patinage est parfois plus qu'un délassement ; c'est aussi un art des plus sérieux, et même des plus utiles. Les jeunes gens surtout emploient souvent le patin pour franchir, sur le miroir gelé des rivières, et avec une rapidité vertigineuse, des distances considérables. De là, toute une école de patineurs émérites. Ainsi, dans une récente joute, entre autres, le vainqueur, suivi de près par ses concurrents, parcourut quinze milles anglais, soit environ vingt-cinq kilomètres, en cinquante-neuf minutes et demie.

Le *toboggan* est un véhicule fort étrange et qu'on ne rencontre nulle part ailleurs. C'est une simple planche en bois de frêne, recourbée à l'un de ses bouts. Épaisse de cinq à dix millimètres tout au plus, large de cinquante centimètres, sa longueur varie entre deux et trois mètres. Six personnes peuvent commodément y prendre place. On s'imagine le degré de célérité que peut atteindre une semblable masse, lorsqu'elle dévale du haut d'une de ces nombreuses glissoires, à pente très-rapide, pratiquées en grand nombre sur les flancs de la montagne de Montréal. Le soir, le coup d'œil est des plus pittoresques. Entre deux rangs de torches, dont les flammes rouges s'entre-croisent de tous côtés sur la neige avec des reflets fantastiques, les « traînes sauvages », bondées de joyeux glisseurs, passent, promptes comme l'éclair, dans un brusque sifflement, pour disparaître et se perdre aussitôt plus bas dans les ténèbres. Une glissade en « toboggan » ne s'oublie plus : c'est l'enivrement des espaces que l'on sent se dérober sous soi ; la sensation, pendant une minute, de la fuite irrévocable par delà les limites du connu...

La raquette, ou, selon la traduction littérale du mot anglais, la « chaussure à neige », se compose d'une étroite bande en bois de frêne, recourbée en deux, et dont on fait rejoindre les bouts en les assujettissant fortement par une courroie. Deux petits bâtons, posés ensuite en travers, achèvent de donner à ce premier travail la forme voulue, c'est-à-dire à peu près celle d'un cerf-volant. Puis on fait courir un entrelacement assez serré de lanières de cuir, en ayant soin de laisser à un tiers de la hauteur un espace suffisant pour que le bout du pied puisse y jouer à l'aise. La raquette est alors prête, et un marcheur habile s'en servira sans crainte pour s'aventurer par monts et par vaux dans la campagne, où il n'est pas rare de voir des bancs de neige atteindre jusqu'à six à sept mètres de hauteur.

La raquette est d'invention très-ancienne au Canada. Les annales du pays font mention de soldats du roi de France apprenant jadis à chausser la raquette, et en retirant de grands avantages dans leurs guerres contre les Anglais. C'était même alors parfois le seul moyen de locomotion, et l'on cite un évêque de Québec qui faisait ainsi, chaque hiver, sa tournée pastorale, quelque chose comme une promenade de trois cents lieues. Naguère encore, avant qu'on eût entrepris la construction du chemin de fer du Pacifique, Mgr Taché, archevêque actuel de la province canadienne du Maniloba et l'un des plus intrépides marcheurs du pays, ne connaissait que la raquette pour se transporter rapidement chez ses ouailles, à travers les neiges des immenses prairies de l'Ouest.

Essayerai-je maintenant de reconstituer, pour le lecteur français, le tableau brillant et animé d'une journée de Montréal en temps de carnaval ?

Il fait froid, assez froid même dans la matinée, mais l'air est pur et sec, et le ciel sans nuages. Pas de vent; les fumées de la ville montent toutes droites, effilées et bleuâtres; un excellent augure, disent les connaisseurs. Partout la neige durcie grince sous le pas des piétons, sous les patins des traîneaux, avec ce petillement singulier, bien connu des Canadiens, qui indique infailliblement, et sans qu'on ait besoin de consulter le baromètre, que la température va se tenir au « beau fixe ».

Mais la journée s'avance, la foule grossit. Le soleil, maintenant, lorsque sonne à travers la cité le grand coup de midi, produit par tout l'espace comme l'effet d'un énorme foyer d'incendie, et fait flamber au loin la nappe de neige avec des miroitements aveuglants d'or en fusion. La populace va se faire légion. Par les rues, peu ou point de masques, la rigueur du climat en rendant le plus souvent l'usage difficile. Bien entendu, pas de batailles de *confetti* ni de bouquets, comme à Rome ou à Nice. En revanche, un admirable défilé d'équipages d'hiver, et tel qu'il ne s'en peut sûrement pas voir nulle part ailleurs. Tous les genres imaginables : depuis le traîneau national appelé *berlot,* peint de couleurs vives, jusqu'au superbe et étincelant *four-in-hand,* traîné par ses quatre pur-sang qui secouent orgueilleusement les sonneries argentines de leur attelage. Ce qu'on voit là de fourrures donnerait à penser que l'on a complétement dévalisé le pôle Nord, pour le plus grand plaisir surtout des jolies Montréalaises, qui se montrent extraordinairement friandes de ces chaudes et moelleuses dépouilles opimes.

A mesure que le jour décroît, la clameur de la foule redouble d'intensité. Parfois une fanfare éclate, précédant un club de raquetteurs s'apprêtant à entrer en lice avec une association rivale, et chantant en cadence :

> Nous perpétuons le nom, la mémoire
> Des hardis trappeurs,
> Héroïques sapeurs
> Dont l'historien raconte la gloire,
> Et qui, sans broncher,
> Savaient toujours marcher.

Les bravos, les vivat retentissent partout sur leur passage.

Bientôt le soleil s'enfonce et disparaît sous l'horizon. La multitude est devenue une marée humaine. Çà et là, dans la nuit qui tombe, des reflets de feux de forge : ce sont les *saloons,* ou débits de boissons spiritueuses, aux larges baies ouvertes sur la rue comme des gueules de fournaise.

Soudain, dix, vingt, cent flammes écheve-

RÉCOLTE DE LA GLACE A MONTRÉAL

lées surgissent de tous côtés. Puis des milliers
de flambeaux s'allument à leur tour, répandant
par toute la ville comme les reflets de quelque colossal serpent de feu. Là-haut, sur une
éminence, le Palais de glace, féerique, prodi-
gieux, surnaturel, dresse ses tours et ses créneaux de cristal, qui projettent au loin les fulgu-
rantes irradiations de leurs foyers électriques.

La ville tout entière n'est plus en ce moment
qu'une énorme torchère. Le Mont-Royal même
est illuminé de milliers de zigzags incandescents.
Ce sont les marcheurs en raquette qui l'occupent, échelonnés depuis sa cime jusqu'à sa
base, chacun tenant une torche à la main. Les
fusées, les bouquets de feux d'artifice passent et repassent continuellement dans l'air
froid de la nuit, s'entre-croisant, s'écrasant en
pluie d'étoiles diaprées. Dans les skatings, la
ronde des patineurs tourbillonne et fait rage;
les bals masqués sont dans tout leur éclat.
Montréal, durant ces courtes heures, n'est pas
loin de se croire la reine de l'Amérique, que
dis-je, de l'univers!

Puis, une à une, s'éteignent les lumières, d'abord à longs intervalles, comme à regret ; par rues entières ensuite, comme soufflées par une seule et même bouffée de vent. Les clameurs se fondent aussi à leur tour en un murmure à peine distinct, se perdant de plus en plus dans les lointains. Bientôt, c'est le calme absolu. La lune, un instant déchue de ses fonctions, monte alors avec plus d'éclat vers le zénith, enveloppant les objets de ses blancheurs molles et argentées. C'est la nuit, la pure, idéale et sereine nuit des solitudes enneigées du Grand Nord !...

CHAPITRE VII

Une France en miniature. — Amour du Canadien pour
la France. — Le mouvement de la population — La
prise du sol. — La colonisation. — Le curé Labelle.

Nous voici rendus à l'extrémité de notre
course, à travers cette partie du bassin du
Saint-Laurent qui fut autrefois le Canada proprement dit, et qui est encore aujourd'hui la
véritable Nouvelle-France. A quelques heures
en amont de Montréal, le grand fleuve ne
marque plus que la ligne de séparation des
frontières de l'État de New-York et de la province anglo-canadienne d'Ontario. Le pays,
peu à peu, a revêtu une autre physionomie. A
la région du Nord, accidentée et pittoresque,
succèdent maintenant des horizons indéfinis de
riches et abondantes moissons, de plantureux

herbages où le bétail se vautre avec délices, puis, sur le flanc des collines, de ces superbes vergers qui donnent, entre autres, la pomme connue en France sous le nom de *reinette* du Canada. La langue française aussi, à mesure que l'on remonte vers les grands lacs, se parle de moins en moins pour se perdre bientôt entièrement, comme noyée dans le dialecte anglo-saxon qui seul va faire prime. Il faudrait traverser tout le territoire des États-Unis, et pénétrer dans la Louisiane, avant de retrouver un autre groupe de descendants des Français formant un tout quelque peu compacte, et ayant conservé jusqu'à ce jour, ainsi que dans la province de Québec, le culte et les traditions de la France.

Car c'est bien une véritable France en miniature que cette province canadienne arrosée par le Saint-Laurent, et dont les immenses ressources attirent depuis peu l'attention des capitalistes de Paris. Où que vous alliez, des sons familiers frappent vos oreilles, ces sons si émouvants de la chère langue maternelle qu'il fait si

bon entendre, lorsque des milliers de kilomètres nous séparent du pays natal. A la vérité,
il ferait bien mauvaise figure, et se trouverait
fort incommodé, le touriste étranger qui, ne
sachant que l'anglais, aurait l'imprudence de
s'aventurer seul à travers la campagne cana
dienne, car il ne serait pas plus compris que
s'il parlait kalmouck ou mandchou, le français
seul, on ne saurait trop le répéter, ayant droit de
passe dans presque toute cette contrée.

L'habitant des bords du Saint-Laurent fait
encore mieux que parler la langue de la
France : il aime la France, ce berceau de ses
pères, d'un amour ardent, inaltérable, contre
lequel ni l'éloignement, ni les bouleversements
politiques de la métropole, ni les désastres et
les défaites de ce siècle n'ont pu jusqu'ici
prévaloir. M. Hector Fabre, le représentant
actuel du Canada à Paris, exprimait excellem-
ment cette vérité, quand, au cours d'une conférence donnée en mars dernier devant la Société
des études coloniales et maritimes, il posait à
ses auditeurs ce point d'interrogation :

« Les pays, disait-il, qui ont aimé la France
à de certaines heures, lorsqu'ils en avaient
besoin, ne sont pas rares dans le monde. Mais
les pays qui, comme le mien, l'ont aimée pour
en avoir reçu les bienfaits de l'existence, qui
l'ont aimée après les déchirements de la séparation, à travers les ombres de l'oubli, qui l'ont
aimée pour elle-même, sans en attendre rien,
sans la juger, sans la critiquer, qui l'aiment
tout simplement, en connaissez-vous beaucoup? »

A l'appui de cette démonstration, voici maintenant une anecdote, à la fois des plus naïves
et des plus touchantes, qui nous a été racontée
par un Français voyageur et homme de lettres,
M. Frédéric Gerbié, auteur d'un bien intéressant volume tout récemment paru à Québec[1].
Bien qu'elle s'applique surtout à la population

[1] *Le Canada et l'émigration française,* par Frédéric GER-
BIÉ; C. Darveau, éditeur, Québec, 1884. Cet ouvrage,
abondant en renseignements précieux, constitue une mo-
nographie complète du Dominion du Canada, écrite surtout
en vue de faire se diriger de préférence les émigrants de
France vers la Confédération canadienne.

de l'ancienne Acadie, aujourd'hui la Nouvelle-Écosse, cette anecdote donnera au lecteur une idée de la vénération qu'on a pour le souvenir de la France en plusieurs parties du nouveau monde.

M. Gerbié se trouvait un jour à bord d'un bateau à vapeur faisant le service du lac du Bras-d'Or au cap Breton. Depuis le départ, il avait remarqué les allures singulières d'un certain passager qui rôdait continuellement autour de lui avec l'intention évidente de lier conversation, mais sans qu'il eût pu jusqu'alors s'y décider. Enfin, surmontant un dernier moment d'hésitation, l'homme s'approcha de M. Gerbié et lui demanda :

— Vous êtes Français, sans doute, monsieur? On le voit *ben* à votre mine. Parlez-moi donc un peu de mon pays.

— Comment, de votre pays !

— Eh ! oui, j'en venons aussi, de la France. Mon arrière-grand-père servait dans les gardes-françaises. Ah ! nous ne l'oublions pas, allez, notre pays.

Peut-on rien imaginer qui soit plus élo-
quent?

Le dernier recensement, pris en 1881, donne
1,360,000 habitants, dont plus d'un million
d'origine française, à la province de Québec. Il
s'en faut de beaucoup, néanmoins, que cette
population soit disséminée par toute l'étendue
du pays, puisque à cette heure même le tiers
de la superficie totale, 486,676 kilomètres
carrés, n'est pas encore en état de culture ou
d'exploitation. Les conditions favorables à de
nouveaux établissements ne font pourtant pas
défaut, car, si l'on excepte la région du Labrador, — qui est surtout un territoire de
chasse et de pêche, — ce ne sont partout que
grasses terres, n'attendant que le soc de
la charrue pour rendre au centuple, innombrables lacs et cours d'eau, et vastes forêts
renfermant toutes sortes de bois utiles et précieux. Seulement, ce sont les bras qui manquent; fait dont il n'y a pas lieu de s'éton-
ner lorsque l'on songe à l'exiguïté de la popu-

lation relativement à une contrée aussi grande que la France elle-même,

Mais ce qui est étonnant, c'est l'accroissement rapide de cette population, si clair-semée en apparence. Les Canadiens français, issus des quelque soixante mille colons laissés en 1763 dans le pays, lors de la cession à l'Angleterre, se sont multipliés, par leur seule force d'expansion, jusqu'au chiffre relativement élevé de 1,700,000 âmes qu'ils atteignent aujourd'hui, en y comprenant les 600,000 de leurs compatriotes répandus dans la province limitrophe d'Ontario, dans le Manitoba, et dans les centres industriels des États-Unis [1]! A ce propos, des statisticiens ont déjà prédit que, si la même progression se maintient à l'avenir, il y aura au Canada, avant la fin du siècle prochain, plus de Français qu'en France même. Quel joli démenti ce serait donner à tous ceux qui ne cessent de crier sur les toits que la race française n'a jamais possédé de

---

[1] Le dernier recensement porte à 747,636 le nombre total des Canadiens émigrés aux États-Unis.

qualités colonisatrices! En attendant, toutefois, que ce miracle de multiplication se produise, ce sont les bras qui manquent, encore une fois, chez les Français d'Amérique, et non les terres et l'espace.

Peu à peu, cependant, la conquête du sol se fait, lente si l'on veut, mais sûre tout de même. Partout la hache et le feu ouvrent de temps à autre, à travers la forêt, de larges trouées. Puis les chemins de fer montent, montent toujours, poussant plus avant leurs rails, éveillant soudain les échos endormis des solitudes avec le sifflement des locomotives et le grondement des longues files de trains, qui deviennent de plus en plus nombreux. Hier encore, le bassin du Saint-Laurent seul en était sillonné. Aujourd'hui, c'est vers des endroits presque complétement ignorés que la vapeur s'avance, accomplissant son œuvre civilisatrice : vers l'admirable vallée du lac Saint-Jean, située à quarante lieues dans l'intérieur des terres, au nord de Québec; vers le haut Saint-Maurice, dont le fleuve du même nom se jette dans le Saint-Laurent, devant la ville des Trois-Rivières; puis vers cette autre superbe contrée, située dans la vallée de l'Ottawa, et arrosée par les trois grandes rivières du Lièvre, de la Rouge et de la Gatineau.

A la tête de ce puissant mouvement de prise de possession du sol canadien-français, se distingue actuellement un curé de village qui est devenu depuis peu l'homme le plus populaire de toute la province de Québec. Ceux qui liront ces lignes au Canada devineront ici que j'ai déjà nommé le curé Labelle.

Un curé, me direz-vous? Oui, un brave et bon curé de campagne, à la taille de colosse et à la bonne grosse figure d'enfant joviale et réjouie, un curé sorti bien malgré lui, je vous le jure, de l'humilité où il eût désiré être enfoui toute sa vie, et auquel pourtant il n'a manqué que de naître en d'autres temps, ou sous d'autres cieux, pour que son nom ait obtenu le retentissement de ceux des La Salle, des Marquette, des Livingstone et des Savorgnan de Brazza.

Un curé explorateur? Quelle bonne aubaine

ce serait pour M. Ludovic Halévy que de se
rencontrer avec cet abbé canadien, lui qui doit
sans doute méditer depuis longtemps le pendant à son *Abbé Constantin*, de si délicieuse mémoire! Combien vite alors l'habile écrivain saurait tirer de cette rencontre la matière d'une
autre de ces émouvantes idylles qu'il raconte
si bien! Mais M. Halévy se décidera-t-il jamais
à s'arracher aux délices du boulevard pour
pousser une pointe jusqu'au Canada?

Les exploits du curé Labelle datent déjà
d'assez loin. Il y a de cela une quinzaine d'années, je crois, au moment de cette fièvre d'émigration, déplorable à tous les points de vue, qui
faisait alors abandonner à un grand nombre de
Canadiens-Français les champs de leurs pères
pour les jeter dans les manufactures des États-
Unis, voici que tout à coup, au milieu du dé-
sarroi général, d'un obscur petit village des
cantons du Nord se firent entendre un premier
cri d'alarme et une première parole d'espérance.

Le curé Labelle avait désormais trouvé

un aliment pour son infatigable activité, en
même temps que la voie par où devaient
s'écouler le patriotisme et la charité dont son
cœur débordait. Tout d'abord, ce ne fut
qu'une simple tentative de rapatriement de
compatriotes émigrés, que l'on décida d'aller
se fixer aux alentours de Saint-Jérôme, le village même où ce prêtre exerce encore aujour-
d'hui son ministère. Bientôt, devant l'affluence
des colons, il fallut aller chercher plus loin,
toujours plus loin les nouveaux emplacements.

Tâche des plus ardues. Tout était à créer.
Devant soi rien que la forêt, l'inconnu. Sans
hésiter, le curé Labelle s'élança en avant, sou-
tenant l'œuvre par son travail herculéen, soufflant du courage à tous, animant les indécis,
les faibles, et poussant chaque jour davantage à
la réalisation de son rêve. Entre deux coups
de cognée à travers le fourré qui lui barrait le
chemin, il revenait à la hâte à son village, puis
descendait à Québec durant la session législative pour y assaillir ministres et députés de sol-
licitations d'aides et de demandes de crédits.

Plein de foi dans l'avenir réservé en Amérique à l'élément français, il ne s'est pas un seul instant écarté du but qu'il s'était fixé : mettre cet élément en possession du sol de la patrie canadienne. Pourtant, ce que ce prêtre a enduré de fatigues, ce qu'il a subi de vexations de toutes sortes est inouï, et tout autre à sa place eût succombé. Encore tout récemment, le projet de loi d'une loterie, qu'il présenta afin d'activer davantage le mouvement de la colonisation, a été repoussé par la Chambre haute de Québec devant l'opposition de quelques puritains de vieille roche, qui ne voyaient dans cette mesure éminemment patriotique que le point de départ, pour leur jeune pays, de toutes les horreurs des jeux de hasard, autrement dit le *gambling*. Le curé Labelle ne se tient certes pas pour battu. Il lui faudra seulement représenter son projet de loi une autre année, voilà tout, et soyez assurés qu'il l'emportera à la fin.

Et grâce à lui, les colons augmentent sans cesse, et de nouveaux villages sortent de terre

comme par enchantement. Admirable figure
que celle de cet apôtre suivant l'Évangile,
bien à part dans notre siècle frivole et terre
à terre! Quelles joies pourrions-nous trouver,
au milieu des outrances de notre vie, qui
fussent comparables aux siennes? Le succès,
maintenant, a couronné son entreprise. Déjà, il
prévoit l'époque où l'œuvre, l'œuvre grandiose
de la formation de tout un peuple, sera entièrement terminée. Et quand le soir, après le rude
labeur de la journée, il se repose avec ses tra-
vailleurs, dans les rougeurs empourprées du
couchant, sur le haut des collines où arrivent
par bouffées, aux approches de la nuit, les âcres
émanations des solitudes, ce ne sont plus les
affres de l'angoisse qu'il ressent, mais une de
ces délicieuses détentes de tout l'être qui font
affluer aux yeux des larmes chaudes, abondantes, et sous laquelle il doit bien souvent
ployer involontairement le genou, la face
tournée vers le ciel...

8.

CHAPITRE VIII

Le chemin de fer de la rive sud du Saint-
Laurent, qui est la propriété d'une puissante
compagnie de capitalistes anglais portant le nom
de « Compagnie du Grand Tronc », était encore,
il y a quelques années à peine, la seule voie
de communication entre Montréal et Québec, pendant les longs mois de l'hiver canadien qui s'étendent de la mi-novembre au commencement d'avril. A l'inverse du chemin qui
vient d'être terminé sur la rive nord, et qui
suit d'assez près le fleuve sur tout son parcours,
le Grand Tronc plonge directement dans l'inté-

rieur du pays, au sortir de Montréal, et ne rejoint le Saint-Laurent, après un circuit considérable, qu'aux premières maisons mêmes de la ville de Lévis, située en face de Québec. Aucun voyage en chemin de fer ne saurait donc plus facilement donner au touriste une idée d'ensemble de la physionomie du pays. Aussi est-ce sur ce trajet, que j'ai tant de fois parcouru au temps de mes pérégrinations entre les deux villes canadiennes, que j'invite aujourd'hui le lecteur français à m'accompagner.

En été, le train le plus agréable à prendre est le rapide qui part de Montréal à sept heures trente minutes du matin, arrivant à Lévis sur les trois heures de l'après-midi. A la gare, au moment du départ, quelques Indiens accompagnés de leurs squaws — derniers descendants bien dégénérés de ces vaillants Iroquois qui autrefois régnaient dans ce pays en maîtres — viennent vous offrir des produits de leur industrie, consistant pour la plupart en ouvrages de peau d'orignal, curieusement travaillés avec des perles de couleur. Tous ces Indiens, revêtus, pour les besoins de la couleur locale, de couvertures en laine toutes plus ou moins bariolées et hétéroclites, viennent d'un joli village, entièrement habité par leurs congénères, situé à une dizaine de kilomètres de Montréal et portant le nom caractéristique de Caugnawaga. On rapporte qu'ils se civilisent affreusement à cette heure. La plupart baragouinent assez bien le français ou l'anglais, et n'ont plus aucune objection à ressembler au commun des mortels. Quelques-uns même ont déjà poussé leur amour des concessions jusqu'à arborer le chapeau de soie, et il en est qui font instruire leurs filles chez les Révérendes Sœurs, tout comme le premier bourgeois venu. Ce n'est pas tout pourtant, et c'est ici où l'on ne saurait trop féliciter Fenimore Cooper et Gustave Aimard, ces deux héros du tomahawk, d'avoir depuis longtemps déjà quitté notre planète. Jusqu'au piano, ce critérium obligé de toute civilisation qui se respecte, qui en est arrivé à faire irruption dans certains intérieurs aisés de ces petits-fils des antiques Peaux-Rouges !

Quel changement à vue, grand Dieu ! Imaginez donc, en effet, toutes les Atalas de la fable et du roman pianotant aujourd'hui la *Prière d'une vierge* ou les *Cloches du monastère* [1].

Mais le signal du départ s'est fait entendre.

[1] A proprement parler, il n'y a plus guère de sauvages aujourd'hui dans les possessions britanniques de l'Amérique du Nord, si ce n'est dans la Colombie anglaise, le Manitoba, les territoires du Nord-Ouest et la terre de Rupert, où l'on en compte encore 75,000 éparpillés sur une superficie territoriale de 8,186,711 kilomètres carrés.

Dans Ontario, Québec, le Nouveau-Brunswick, la Nouvelle-Écosse et l'île du Prince-Édouard, il n'y aurait, d'après le dernier recensement (1881), que 30,755 sauvages, répartis dans les réserves que leur fait le gouvernement.

Les Peaux-Rouges du Canada n'ont pas à se plaindre des vexations ou des privations auxquelles on a pu attribuer leur disparition en d'autres pays. Les derniers débris de leurs tribus vivent sous la direction de leurs chefs, sur des territoires dont la propriété leur est garantie par les traités et sauvegardée par des priviléges spéciaux qui les mettent à l'abri de déprédations injustes de la part des particuliers. Ils ne peuvent pas non plus se plaindre d'être trop à l'étroit, disséminés, comme ils le sont, par tribus de quelques cents âmes, sur un territoire immense, dont une grande partie, encore inexplorée, leur est ouverte pour la chasse et la pêche.

Cependant, au Canada, comme partout, du reste, où ils vivent en contact avec la civilisation, sans cause apparente, ces robustes enfants de la nature s'étiolent et dépérissent. (Paul DE CAZES, *Notes sur le Canada.* Québec, 1882.)

PONT VICTORIA, ET PROMENADE SUR LA GLACE, A MONTRÉAL.

Bientôt le train s'ébranle, puis, accélérant sa marche, passe rapidement à travers les faubourgs de la ville. Viennent ensuite des centaines d'usines, aux hautes cheminées fumantes. On arrive ainsi jusqu'au fleuve, où une longue jetée forme les abords du pont Victoria[1]. Brusquement, après avoir suivi quelque temps cette jetée, la locomotive s'engouffre avec un rauque sifflement entre deux énormes ailes en maçonnerie qui semblent s'allonger indéfiniment. Ce n'est qu'un éclair toutefois, et presque aussitôt le train plonge dans l'entonnoir béant du pont, faisant trembler, dans un vacarme épouvantable, l'immense ossature de fer. C'est maintenant l'obscurité presque complète, à peine combattue à de rares intervalles par les quelques

---

[1] Ce pont, le seul qui ait jusqu'ici été jeté sur le Saint-Laurent, a près de trois kilomètres de longueur. La galerie tubulaire, à travers laquelle passe le chemin de fer, est formée de 25 tubes en fer d'une longueur totale de 6,133 pieds, soutenus, à 60 pieds au-dessus du niveau du fleuve, par 2 culées et 24 piles.

Commencé en 1856, et inauguré en 1860 par le prince de Galles, le pont Victoria n'a pas coûté moins de 30 millions de francs.

ouvertures ménagées sur les parois. Instincti-
vement, chacun s'est tu. Çà et là, dans le grondement assourdissant du train, des clameurs
étranges éclatent, clameurs répercutées au
centuple par la sonorité inouïe de ce long tube
en fer dans lequel on roule, on roule toujours, avec un vague pressentiment qu'on n'en
pourra plus sortir. Aussi pousse-t-on un vrai
soupir de soulagement quànd soudain, après
les quatre minutes nécessitées d'ordinaire pour
traverser le Saint-Laurent en cet endroit, on
aperçoit de nouveau le vaste fleuve et, dans le
lointain, les mille et un toits de Montréal miroi-
tant au soleil, tandis que des bouffées de vent
frais, soufflant du large, aident à chasser l'émotion qu'on vient d'éprouver.

Le train, maintenant, s'est élancé à travers
champs. Partout, de belles moissons, vertes ou
dorées, et çà et là quelques maisonnettes de
cultivateurs, toutes gaies et pimpantes, au
milieu de bouquets d'arbres, avec leurs murs
frais recrépis et leurs volets d'un rouge vif. De
temps à autre le conducteur nomme les villages

traversés : Saint-Lambert, Saint-Bruno, Saint-Hubert, Belœil, etc.

Belœil ! n'est-ce pas que voilà un nom qui fait image? Vous ne manquerez pas aussi d'admettre qu'il est bien trouvé, si jamais vous voyagez au Canada ; car on pourrait difficilement imaginer coup d'œil plus ravissant. Nous traversons ici le Richelieu, coulant sur tout son parcours, depuis le lac Champlain dans l'État du Vermont jusqu'au Saint-Laurent, à travers une contrée d'une incomparable fertilité. D'un côté de la rivière, c'est Belœil, devenu depuis peu un rendez-vous fashionable d'été, qui montre le défilé ininterrompu de ses jolies villas, enfouies dans le feuillage comme autant de nids d'amoureux ; de l'autre, c'est le gros bourg de Saint-Hilaire, groupé pittoresquement autour de son église, avec, tout au fond, la superbe montagne du même nom qui dresse dans les lointains, à deux mille pieds d'altitude, la masse bleuissante de ses flancs abrupts.

Bientôt, nous en longeons la base. En automne, sur les versants les moins escarpés, ce ne sont que vergers croulant sous le poids de ces célèbres pommes d'un beau rouge, connues au Canada sous le nom de *fameuses*, et dont il se fait aujourd'hui un immense commerce[1]. Leur abondance est telle que, de loin, à cette époque de l'année, on dirait des coins de paysage soudainement passés au vermillon de par la volonté de quelque fée. On en fait la cueillette vers la mi-octobre. Ces pommes délicieuses sont alors d'un bon marché inimaginable. Ainsi je me rappelle que, au cours d'un petit voyage en voiture, il y a de cela quelques années, à travers cette région montagneuse, j'avais manifesté un beau jour au propriétaire de l'un de ces vergers le désir de goûter, en payant, bien entendu, à quelques-uns de ses fruits. L'homme s'éloigna après avoir reçu de

____

[1] L'exportation des pommes est aujourd'hui l'une des industries les plus importantes du pays. Il y a deux ans, c'est-à-dire en 1883, il en a été exporté 158,018 barils, représentant une valeur totale de 2,505,908 francs. L'année 1884, qui a été jusqu'ici la meilleure sous ce rapport, vit une exportation de 334,538 barils de pommes, d'une valeur de 3,244,203 francs.

moi une pièce de cinquante centimes. Jugez de ma stupéfaction lorsque je le vis revenir pliant littéralement sous le poids d'une quinzaine de kilos de pommes contenues dans un sac. Il vida silencieusement sa charge à mes pieds, dans la voiture. Et comme j'allais manifester mon étonnement d'une prodigalité si inattendue :

— Bien le bonjour, monsieur, fit l'homme en saluant, et en faisant mine de retourner à ses occupations.

Je dus détaler. Il paraît que j'en avais tout juste pour cinquante centimes.

Le Richelieu disparaît peu à peu à nos yeux. Ce n'est plus maintenant qu'un mince filet d'argent, étincelant au soleil, parmi les prairies. Bientôt ce faible scintillement même s'estompe, s'effaçant dans le lointain. A son tour le mont Saint-Hilaire semble ensuite s'enfuir. Par degrés, les angles se sont arrondis, les crevasses se sont comblées. Encore quelques minutes de course à la vapeur, et le mont ne paraîtra plus que comme un énorme bloc de

granit bleuâtre, aux tons adoucis, et dont les
sommets prennent sous le jeu de la lumière des
reflets de turquoise.

Nous roulons toujours. Le paysage est peu
accidenté. Même, sur de grandes étendues,
il offre maintenant une surface complétement
plane. De tous côtés, d'immenses champs en
culture, espacés par quelques pâturages où
errent en liberté veaux, vaches, chevaux et
moutons. Peu de forêts. Parfois un petit bois
de bouleaux défile rapidement, comme fris-
sonnant au passage du train, et avec ce
bruit strident de feuilles métalliques froissées
les unes contre les autres, particulier à ces
sortes d'arbres. Les moissons offrent une
gamme diaprée des plus variées. Ici les orges,
les blés jaunissants, là-bas les sarrasins aux
belles fleurs blanches. Plus loin encore les foins
parfumés, aux panaches vert pâle, et les lins
soyeux aux innombrables petits pétales bleus.
Tout cela ondule sous le vent en larges vagues
d'un mouvement rhythmique bien cadencé,

s'irisant au soleil comme le ferait un gigantesque velarium de soie tendu à perte de vue.

Mais voici que se profilent à notre droite les tours massives d'une cathédrale, et tout autour des clochers de couvents, des agglomérations d'édifices, toutes les approches, en un mot, d'une ville importante. En effet, nous touchons en ce moment à Saint-Hyacinthe, l'une des trois ou quatre cités d'ordre secondaire dont on parle le plus dans le Canada français, après Québec et Montréal.

Saint-Hyacinthe est le siége d'un évêché considérable et d'un séminaire renommé par tout le pays. De la gare, on voit peu de chose de la ville, celle-ci se déroulant un peu plus bas en pente douce jusqu'à une petite rivière pittoresquement encaissée qui se nomme l'Yamaska. Mais, par contre, au passage de cette rivière, on a une vue charmante de la localité. De coquettes maisons blanches et bleues, la plupart à un seul étage, sont entassées en un fouillis réjouissant jusqu'à la limite extrême du rivage. Plus loin, et suivant une gradation savamment calculée, apparaît l'amoncellement en briques roses des constructions de commerce, des filatures, des usines. Par endroits, sur des tourelles, se déploient des drapeaux. Enfin, toujours plus haut, s'alignent les villas, les résidences de la riche bourgeoisie, puis les églises, les couvents, et comme arrière-plan, émergeant d'un épais feuillage, le dôme imposant du Séminaire, presque calqué sur celui du Panthéon de Paris.

Nous roulons de plus belle à travers champs. Nous sommes ici à quarante-huit kilomètres de Montréal et à cent quatre-vingt-douze de Québec. La distance, du fleuve Saint-Laurent, n'est pas moins de trente-deux kilomètres, et nous continuons derechef à nous diriger vers l'intérieur. Toujours, partout, les mêmes aspects de riche abondance. La récolte sera drue et serrée dans ces parages. Çà et là, à l'horizon, surgissent de petites montagnes qui tranchent de leur bleu vif sur l'azur plus pâle, et qui ressemblent, à s'y méprendre, à ces monts des

pays de soleil, brossés sur les toiles orientales
de Fromentin. De temps à autre, le chef du
train, ouvrant les wagons, lance un nom bien
français : Sainte-Rosalie, Saint-Liboire, etc.
Dans l'encadrement des portes et fenêtres, près
des points d'arrêt, des enfants, cachant leurs cheveux embroussaillés sous d'immenses chapeaux
de paille, de belles et grandes filles du pays,
hautes en couleur et à la bouche rieuse, accourent et se pressent, pour venir saluer les voyageurs. Parfois, alors, plus d'un bras blanc agite
le mouchoir de bienvenue, et nous reprenons
allègres notre course en avant.

Coin de terre véritablement béni, où chacun
est heureux, et que je connais bien pour y avoir
moi-même grandi et l'avoir longtemps habité.
Pas un de ces chemins ombreux, zigzaguant
par les prairies, que je n'aie parcouru bien des
fois, au beau temps de ma première jeunesse,
au temps où tous les jours je me rendais au séminaire de Saint-Hyacinthe. Ce cher collége,
que de souvenirs ineffaçables son nom ne ré-

veille-t-il pas soudain en moi! Comme je le revois vite et bien, pendant que je trace ces lignes, avec ses bons prêtres se promenant sous les futaies, ces mêmes prêtres qui, après ma mère, ont surveillé mes premiers pas dans la vie avec le plus de sollicitude ; avec ses grandes cours pleines de vieux arbres, retentissant du soir au matin de joyeux cris et de rires sonores ; avec ses longs corridors sévères et tout blancs, d'où il nous tardait tant de pouvoir nous échapper pour aller faire une partie de balle ; avec sa haute salle d'étude, où gaiement on travaillait thèmes et versions, des chants d'oiseaux plein les fenêtres, tandis que d'en bas montaient les senteurs parfumées des jardins et des champs !...

Ce coin de terre, surtout, est la patrie du paysan ou plutôt de l'*habitant* canadien, qui se sent là chez lui, dans son royaume. Le mot « habitant » date d'il y a longtemps déjà, des premières années mêmes de la colonisation du pays par les Français, époque où on l'appliqua au cultivateur, c'est-à-dire à l'homme tenant

au sol, pour le distinguer du fonctionnaire et du
marchand, qui sont sans attaches fixes. Plus
tard, lors des démêlés avec les Anglais, *habitant* devint synonyme de Canadien-Français. Ce
mot est maintenant passé dans le langage courant pour désigner celui qui appartient à la
classe agricole, et l'on dit aujourd'hui partout,
en parlant d'un cultivateur : C'est un « habitant[1] ».

Il faut voir l'habitant canadien chez lui, c'est-
à-dire dans son logis, sur ses terres, ou avec
ses amis, pour se faire une idée de la somme

[1] *Habitant* est synonyme de Canadien-Français, et ce dernier nom signifie catholique, signifie indépendance et volonté de se faire respecter. Population gênante.

C'est nous qui avons créé ce titre, pour exprimer une situation nouvelle dans un pays nouveau. Il est intimement lié
aux glorieuses annales d'une colonie dont les origines sont
irréprochables, n'en déplaise aux autres nations. Nous n'a-
vons pas voulu du nom de *paysans*. Celui-là est bon pour
l'Europe. Que ceux qui veulent se mettre un boulet au pied
le portent.

> Sol canadien, terre chérie,
> Par des braves tu fus peuplé;
> Ils cherchaient loin de leur patrie
> Une terre de liberté.

Voilà ce que le poëte a pu dire sans exagération.

. . . .

C'est le fils de l' « habitant » qui exerce les professions

9.

incroyable de bonheur et de bien-être qui lui
est départie. Autant ses congénères. d'Europe
luttent et peinent comme des forçats, et sont
tenus dans un état de continuelle sujétion,
autant il a, lui, la vie large et facile, avec autant d'indépendance et de liberté qu'un être
humain en peut désirer. Le gouvernement, si
puissant fût-il, qui tenterait de lui glisser le
moindre petit impôt direct, serait infailliblement renversé au milieu d'un branle-bas d'enfer. L'habitant sait de quelle autorité il dispose,
et son caractère s'en est heureusement ressenti.
Il n'est plus, comme ici, l'homme qui se courbe
et obéit, mais bien plutôt celui qui parle haut
et volontiers commande. Non pas toutefois que

libérales, qui va au Parlement, qui construit des chemins
de fer et des manufactures. Les « habitants » n'ont jamais
été domestiques ou hommes de peine dans les faubourgs des
grandes villes d'Europe.

Chez nous, chacun fait sa part de l'œuvre commune ; néanmoins nous sortons tous de l' « habitant ». Nous n'emprun-
tons pas aux oiseaux de passage des plumes plus ou moins
brillantes, mais qui ne sont que des plumes, après tout. Ce
qui nous caractérise, c'est que nous sommes nous-mêmes,
et que nous savons d'où nous venons et où nous allons.

Benjamin SULTE.
(Minerve de Montréal, du 23 février 1881.)

cela aille jusqu'à l'arrogance, car la libéralité
dont la superbe nature du Canada a fait preuve
à son égard, en lui permettant de se tailler
partout à son gré d'immenses champs à perte de
vue, a de plus disposé son cœur à la bienveil-
lance. L'âpreté impitoyable et le farouche
égoïsme, qui sont la caractéristique du paysan
européen, ont fait place chez l'habitant canadien à un grand fonds d'indulgence et de dévouement pour ses semblables, tout cela illuminé par le sourire de bon diable de l'homme
qui a le ventre plein, et qui ne craint pas que
sa huche manque jamais de pain. En somme,
on le voit, un personnage des plus intéressants
en raison de son étrangeté même, et qui vaut
certes la peine que l'on fasse halte sur notre
route pour aller lui rendre visite, et cela d'autant plus que c'est par l'habitant que l'on connaîtra le mieux le Canada.

Ce furent la Bretagne et la Normandie qui
jadis contribuèrent principalement à peupler la
Nouvelle-France. Les descendants de ces pre-

miers colons se reconnaissent encore facilement aujourd'hui : les uns par leur loyauté, leur force de volonté allant même jusqu'à l'entêtement, leur grande vigueur corporelle et leur ardente piété; les autres par leur rouerie en affaires, leur gaieté, leur humeur plus sociable, leur penchant invétéré pour les procès, leurs besoins de luxe et d'ostentation. Les deux races sont facilement excitables, la moindre altercation dégénérant souvent en une vraie bagarre, quoique bien rarement pourtant on en vienne aux coups. Toutes deux se sont aussi de tout temps distinguées, au Canada, par leur attachement inviolable aux mœurs et coutumes de leurs ancêtres, et par leur vive résistance à s'opposer à l'envahissement du soi-disant progrès moderne. A la vérité, elles semblent toutes deux inaltérables, et les outrances de la vie de cette fin de siècle, qui partout ailleurs oblitèrent, nivellent et aplanissent, n'ont eu jusqu'ici aucune prise sensible sur elles.

Les fils des Bretons, je l'ai déjà dit, sont surtout établis le long du Saint-Laurent, et le

plus près possible de son embouchure, là où le
fleuve, par sa prodigieuse largeur, leur donne
l'illusion de cette mer dont ils aiment encore,
comme leurs aïeux, l'éternelle et majestueuse
voix de basse grondante. Parfois, alors, il
leur est loisible, entre deux sillons, de s'é-
chapper dans une barque pour aller au large
faire le coup de filet. Beaucoup même d'entre
eux ont fait de la pêche ou de la navigation du
Saint-Laurent leur principale occupation. Aussi
est-ce dans leurs rangs que se recrutent en
général les marins et les pilotes les plus habiles
de la côte.

Les descendants des Normands, par contre,
sont pour la plupart disséminés dans l'intérieur
et aux environs des villes, où ils ont accaparé
les grandes et petites fermes, l'élevage du bétail,
la culture des céréales et des primeurs.

En quelque endroit du Canada que l'on soit,
la demeure de l'habitant appartenant à la classe
moyenne, c'est-à-dire à la plus nombreuse, ne
diffère guère d'aspect. C'est toujours la même
maison basse en bois, blanchie à la chaux, aux

volets verts ou rouges, et au toit recouvert de
minces lattes appelées *bardeaux*. Le rez-de-
chaussée se compose d'un seul et vaste appartement carré, servant à la fois de chambre à
coucher, de cuisine et de salle de réception.
Aux murs, quelques images d'Épinal, grossièrement enluminées, et représentant le Sauveur,
la Vierge et les Saints. Au centre, un énorme
poêle vieux modèle, entouré de monceaux de
bois de chauffage, puis à côté, près d'une fe-
nêtre, une grande table de bois brut. Dans un
coin, le lit de famille, d'une hauteur telle que
l'on ne s'y peut coucher qu'en exécutant de
véritables sauts d'acrobate. Tout près, des
couchettes, des berceaux pour les petits, habituellement nombreux chez le cultivateur canadien, quelques familles s'élevant jusqu'à dix-
huit, vingt et quelquefois même jusqu'à
vingt-cinq enfants. Dans un autre coin, des
rayons peints de couleurs vives, pour la vais-
selle et les ustensiles de cuisine. Aux poutres
enfumées du plafond, un vieux fusil à pierre,
avec la corne à poudre et le moule à balles.

C'est là le « vieux fusil français », héritage précieux que l'on tient des ancêtres, dont on ne se dessaisirait pas pour une fortune, et qui rendit jadis plus d'un service signalé dans les excursions de chasse d'antan, aussi bien que dans les escarmouches avec l'Anglais et l'Indien.

N'allons pas oublier le rouet de l'aïeule, et, chez les plus aisés, le métier à tisser les vêtements du ménage. Des escabeaux, quelques chaises cannelées, deux ou trois berceuses, et un grand coffre servant à la fois de siége d'honneur et de garde-robes, complètent ce mobilier rustique. Sur tout cela veille la croix du chrétien, suspendue au-dessus du lit des époux avec le bénitier et le rameau bénit.

Dans la campagne canadienne, ainsi que du reste en plusieurs endroits de la France d'aujourd'hui, le rameau bénit joue un rôle considérable dans les événements de la vie de famille. On lui attribue des vertus extraordinaires, et il est en conséquence l'objet d'un respect des plus touchants. A la mort d'un proche, par exemple, la palme sacrée repose à la tête du cadavre, et chaque visiteur, avant que de s'agenouiller, la trempe dans l'eau bénite et l'agite au-dessus du corps en murmurant une prière. On s'en sert aussi de la sorte pour éloigner l'Esprit du mal, et, quand un orage éclate, pour tenir la foudre meurtrière à distance.

L'habitant est matinal. Dès quatre heures en été, et six heures en hiver, il se met au travail, qu'il mène sans interruption jusqu'au déjeuner. Ce premier repas se compose habituellement, en été, de lait et de pain de sarrasin, auxquels, en hiver, on ajoute de la charcuterie. Le dîner est servi à midi avec de la soupe aux pois, du lard, des pommes de terre, du lait et du fromage. Dans la période des chaleurs, une sieste d'une heure, à la suite du dîner, est dans les habitudes des fermiers et hommes de peine. On se remet à table à la chute du jour, pour le souper où figurent de la viande de porc, des légumes, des œufs et du fromage, le tout arrosé ordinairement d'une infusion de thé ou de café.

Mais c'est, sans contredit, durant la saison

d'hiver qu'il faut voir l'habitant canadien. La
nature qui, au Canada, s'est montrée capricieuse
au point de lui donner des étés du Sénégal et des
hivers du Spitzberg, a eu du moins le bon goût
de rendre la période des froids on ne peut plus
saine et agréable. Je l'ai dit déjà, rien ne se
saurait comparer nulle part avec la splendeur
du ciel de ce pays, en décembre, janvier et
février. La neige tombe par intervalles deux
jours durant, puis des vents violents balayent
les nuages, et alors ce ciel est d'un bleu profond, réjouissant, absolument exhilarant même.
Les nuits, criblées d'étoiles, sont tout un poëme
d'allégresse; la lune et la réverbération de la
neige aidant, on y voit souvent comme en
plein jour. A vingt degrés au-dessous de zéro,
l'hiver canadien est plus supportable que la
température normale de Paris aux approches
du jour de l'an. A vrai dire, on ne souffre pas
du froid au Canada, tellement on y possède
à merveille l'art et les facilités de s'encapu-
chonner, tellement dans chaque maison les gros
poêles, qui y ronronnent sans cesse, entretien-

nent une chaleur inouïe, et parfois même absolument suffocante. Des forêts entières y passeront plutôt, mais on aura du moins nargué la morsure du vieux Borée. A voir ces incendies, les marchands de bois en France, qui nous pèsent leur combustible au kilo, en feraient sûrement une maladie.

Le « Tout à la joie » de la polka populaire de Fahrbach semble alors être devenu le mot d'ordre de l'habitant. Ses prés et ses champs, sommeillant sous une épaisse couche de neige, ne sauraient plus l'inquiéter. A peine par-ci par-là quelques menus travaux d'urgence, d'ailleurs bien vite expédiés, réclament-ils son attention. Tout le reste est au plaisir, à la table, aux amis. Dans les villages, dans les *rangs*[1], on se réunit par bandes nombreuses, puis les traîneaux glissent comme le vent, emportés par de petits chevaux tout feu, dont les naseaux fument d'impatience et qu'excite encore

[1] Les *rangs*, au Canada, comprennent les terres mêmes situées en dehors des limites du village. Une grande route, portant le numéro du rang, les traverse habituellement.

LE TOBOGGAN.

le tintinnabulum des clochettes de leurs attelages. L'air scintille, comme traversé de milliers d'aiguilles brillantes, et le soleil fait jaillir
sur la neige de soudaines et longues flambées
d'étincelles. On va, on va ainsi, des kilomètres durant, d'une maison amie à une autre,
à travers la campagne toute blanche, sur la
surface gelée des rivières, le long des forêts de
sapins qui se dressent, roidies et fantastiques,
dans leur orfévrerie de givre. Parfois, dans la
furie de la course, des chansons éclatent, de
bonnes vieilles chansons datant de l'arrivée des
Français au Canada [1], et dont les motifs sont
repris en chœur avec un entrain inexprimable
par toute la bande.

A l'intérieur des maisons, où les femmes et
les jeunes filles se tiennent prêtes à recevoir
les visiteurs, les tables croulent sous les vic-
tuailles qui à tout instant ne cessent de sortir
des fourneaux. On a pour cela dévalisé le

[1] La plupart de ces chansons, si précieuses à tous les
points de vue, ont été récemment rassemblées et publiées
à Québec par un écrivain canadien, M. Ernest Gagnon,
sous le titre de : *le Chansonnier national*.

poulailler, mis la basse-cour à une forte contribution, et complétement ravagé la porcherie.
Ce ne sont que pyramides de saucisses et
de boudins, entassements de *tourtières*[1] et de
jambons, chapelets ininterrompus de volailles
et de dindons, montagnes de *beignes*[2] et de
croquignoles[3]. Gargantua et Gamache réunis
en reculeraient certes de stupéfaction. Chaque
nouvel arrivé n'y voit là cependant rien que de
très-naturel, et qui ne réponde aux exigences
des appétits, surexcités outre mesure par la
course et l'air vif du dehors. Une fois les esto-
macs bien repus, les pipes s'allument, le *wiskey*
circule, — un petit *wiskey* traîtrelet échauffant
les têtes en diable, — et les chansons repren-
nent de plus belle. Une heure, deux heures s'é-
coulent ainsi en festivités, puis on se lève de
table pour aller recommencer ailleurs.

Toutes ces réjouissances atteignent leur
apogée dans les quelques jours qui précèdent

---

[1] Pâtés de charcuterie.
[2] Gâteaux frits au saindoux.
[3] Autre espèce de gâteaux frits comme les *beignes*.

et suivent le premier de l'an, époque où dans certaines paroisses on y ajoute encore parfois la *guignolée*, vieille et touchante coutume qui ne tend que trop maintenant à tomber en désuétude. « On court la guignolée », comme on dit au Canada, dans la nuit même de la Circoncision, et l'on entend par là aller prélever de maison en maison un impôt en nature pour les pauvres, afin que ceux-ci puissent aussi partager la joie commune. Ce sont habituellement les jeunes qui s'acquittent de cette besogne. A cet effet, réunis en nombre respectable et munis de sacs de grande dimension pour les provisions, ils se mettent en route, faisant tout à coup retentir dans le silence de la nuit les sons d'instruments de musique et de chants d'allégresse. Arrivée au logis qu'elle veut forcer, la troupe s'arrête, puis somme le propriétaire d'avoir à ouvrir sa porte, en entonnant ce couplet bien connu :

> La guignolée, la guignaloche,
> Mettez du lard dedans ma poche!
> Si vous voulez rien nous donner,
> Dites-nous-le.

> Nous vous prendrons la fille aînée,
>   Si vous voulez.
> Nous lui ferons faire bonne chère,
> Nous lui ferons chauffer les pieds.

Les portes grandes ouvertes, la foule joyeuse fait irruption à l'intérieur, puis, après les souhaits de bonne année, souhaits arrosés de plus d'un verre de *wiskey*, elle se répand de nouveau au dehors pour aller rendre la même visite au plus proche voisin, après avoir prélevé pour les pauvres une forte contribution sur les magasins aux comestibles de l'amphitryon que l'on vient de quitter. Il est très-rare que ces sortes d'invasions nocturnes ne soient pas partout bien accueillies, l'habitant canadien, on ne saurait trop le répéter, étant renommé pour sa charité, et pour l'hospitalité, même biblique, qu'il se sent porté à accorder à tout venant.

Mais il est temps, n'est-ce pas? que nous rejoignions le train qui doit nous aider à achever notre excursion. Peu à peu, à mesure que nous nous sommes enfoncés plus avant dans le pays, nous éloignant de plus en plus du Saint-Laurent, l'élément anglais, jusque-là excessivement clair-semé, a commencé à faire son apparition. Des noms étrangers ont remplacé, aux devantures des gares, les appellations familières de tout à l'heure : Upton, Acton, Durham, etc. Il convient cependant de dire ici que ces différentes localités ont leurs noms équivalents français, parmi les Canadiens, et que, bien qu'elles aient été autrefois fondées par les Anglo-Saxons, ceux-ci sont depuis longtemps débordés par leurs compatriotes de l'autre race, qui toujours, continuellement, montent des parages du Saint-Laurent, comme une marée irrésistible contre laquelle tout doit reculer. Certains villages même, entièrement habités il y a à peine un quart de siècle par des Anglais, offrent aujourd'hui cette particularité curieuse que l'on n'y trouverait plus une seule famille parlant la langue des fils d'Albion. C'est le français qui, à cette heure, y règne en maître [1].

[1] Un exemple frappant du progrès de la race française, au

Le paysage s'est aussi considérablement modifié. Entre les champs cultivés, de vastes landes désertes se déroulent maintenant aussi loin que le regard peut porter. Parfois, des arbres au tronc noirci, aux branches calcinées, se dressent comme des squelettes au milieu de ces solitudes, où le feu a été l'unique mode de défrichement.

Nous venons de pénétrer dans l'une des nombreuses zones, proprement dites « à colons », que renferme actuellement la province

Canada, nous est en ce moment offert par les chiffres du recensement, de 1831 à 1881. Ces chiffres ont trait au mouvement de la population, durant cette période d'années, dans les comtés de Sherbrooke, Stanstead, Shefford, Missisquoi, Brome, Drummond, Megantic, Compton, Richmond et Wolfe, c'est-à-dire dans cette partie de la province de Québec qui, il y a à peine un demi-siècle, était la propriété absolue des Anglais. Nous y voyons que, alors que ces derniers comptaient 37,964 habitants en 1831, 63,974 en 1861, et 70,018 en 1881, les Canadiens-Français par contre, qui ne comptaient en 1831 que 4,242 âmes, s'élevaient déjà en 1861 à 72,662, et enfin figurent au dernier recensement de 1881 pour 116,939 habitants, s'étant ainsi multipliés vingt-neuf fois dans le court espace de cinquante ans, tandis que pendant le même temps la population anglaise n'avait seulement pas pu arriver à se doubler. Ces chiffres sont, croyons-nous, suffisamment éloquents, et peuvent se passer de commentaires.

de Québec, et qui est connue sous le nom de « zone des cantons de l'Est ». Quelques instants d'une course rapide, puis soudain, les premiers défrichements dépassés, nouveau et complet changement de décor. La nature s'y montre plus rude, plus accidentée qu'ailleurs, partant aussi plus pittoresque. Ici c'est une vallée profonde, aux versants d'un vert soyeux et éclatant, là-bas un torrent écumeux qui dévale en mugissant d'un rocher. Plus loin nous roulons, dans un assourdissement subit du train, sous la voûte d'une haute et épaisse forêt, sombre comme un intérieur de cathédrale, et dont les halliers semblent faits pour favoriser un guet-apens de détrousseurs de diligences. Au sortir de l'un de ces bois, une vive surprise nous est ménagée. Entre deux rangs de hautes collines d'un velouté admirable, une rivière aux reflets moirés — un véritable petit amour de rivière à la Florian, et qui semblerait convenir à un tableau de Watteau plutôt qu'à ce coin agreste et sauvage de l'Amérique du Nord — court et serpente avec une grâce de nymphe par delà les lointains où elle se perd. C'est le Saint-François, qui, sorti des cantons avoisinant la frontière, va se jeter dans le Saint-Laurent au lac Saint-Pierre. Tout là-bas, à un tournant, brillent au soleil les toits et flèches d'églises d'une ville. Encore quelques minutes de course à la vapeur, et nous touchons à Richmond, où la route se bifurque pour les États-Unis.

De Richmond, en prenant la voie des États-Unis, on se rend en une heure à Sherbrooke, qui est le centre de production le plus considérable de cette partie du pays, en même temps que le siége d'un autre évêché important et le point de jonction de plusieurs chemins de fer. La route qui y conduit passe à travers l'une des contrées les plus pittoresques qui se puissent imaginer. Ce ne sont partout que cascades roulant avec impétuosité au fond des ravins, forêts d'érables et de sapins étagées, entassées les unes sur les autres, et gravissant hardiment le flanc des montagnes qui de toutes parts nous enserrent. Puis de belles clairières,

couvertes de bestiaux, traversées par les méan-
dres capricieux du Saint-François. Sur tout cela
un parfum *sui generis,* de nature vierge, une
odeur âcre de sapins qui fait dilater avec délices nos poumons, habitués à l'air plus rare et
plus lourd des villes. « Mais, c'est une véritable
Suisse en miniature ! » est-on tenté de s'écrier.

Bientôt, au point où une autre rivière, le
Magog, vient se jeter dans le Saint-François,
descendant des hauteurs par une série de cata-
ractes bouillonnantes, apparaît Sherbrooke
qui, du rivage, monte hardiment à l'assaut des
rocs d'alentour, ne s'arrêtant qu'à la base
même de sa cathédrale, bâtie à l'endroit le plus
élevé, pour s'étendre plus loin, sur d'autres
versants, avec le fouillis de ses maisons pro-
prettes, pimpantes neuves, tout cela mêlé aux
nombreuses fabriques pour lesquelles la localité
est célèbre. En effet, Sherbrooke est surtout
une ville manufacturière ; ce qu'elle doit à ses
chutes d'eaux, uniques dans le pays, en même
temps qu'à d'admirables facilités pour le débouché de ses produits. C'est aussi une ville *go*

ahead, dans le vrai sens américain du mot. Les Canadiens-Français, ordinairement peu entreprenants, se sont jetés là dans le mouvement avec une ardeur sans pareille. Bien que Sherbrooke ne renferme encore qu'une dizaine de mille âmes, il n'est pas une seule des innovations du siècle, dites « améliorations modernes », qui lui soit étrangère. Les incendies y sont par exemple notifiés instantanément à l'aide du télégraphe d'alarme en usage dans tous les grands centres d'Amérique ; le téléphone y réunit les maisons, et l'on est présentement en train d'y jeter bas les réverbères à gaz, comme étant par trop « vieux genre », pour les remplacer par de superbes foyers électriques d'une puissance de deux mille bougies.

Le mouvement colonisateur, chaque jour de plus en plus accentué, se porte énergiquement depuis quelques années vers cette région des cantons de l'Est dont Sherbrooke est le centre, région depuis longtemps renommée au Canada pour la grande fertilité de son sol, et pour ses inépuisables richesses minières et forestières.

C'est ainsi, pour ne parler ici que de l'immigration venue de l'étranger, que sur les six mille huit cent quatre-vingts-six immigrants arrivés dans la province de Québec, du 30 juin 1883 au 30 juin 1884, la zone des cantons de l'Est en a reçu pour sa part deux mille deux cent quatre-vingt-dix-sept, dont mille six cent soixante et onze se sont fixés dans le seul comté de Sherbrooke. La France, et principalement la Belgique, sont entrées depuis peu dans cette immigration, et pour un chiffre encore très-minime, il est vrai, mais qui est suffisant toutefois pour permettre de concevoir les plus belles espérances sur l'avenir réservé aux races de langue française groupées dans ce coin de l'Amérique du Nord[1].

De Richmond, où nous reprenons le train à destination de Québec, il nous reste encore à franchir une distance de cent vingt-huit kilomètres avant d'arriver au terme de notre

[1] Voir, pour détails sur les cantons de l'est de la province de Québec, le *Voyage au Canada*, de M. G. VEKEMAN, suite de lettres adressées au *Lion belge* de Bruxelles. — Antoine Logé, éditeur, Bruxelles, 1883.

10.

voyage. Le chemin de fer oblique ici directement dans la direction du Saint-Laurent, qu'il va rejoindre, à Lévis, en face de la capitale. De nouveau, la langue française recommence à résonner agréablement à nos oreilles, à l'exclusion de toute autre. Le pays est de même revenu à son aspect primitif. Peu à peu, par une gradation insensible, le paysage s'est nivelé, pour se fondre bientôt dans l'immense surface plane de la vallée du grand fleuve. On revoit les belles moissons houleuses, émaillées çà et là de bourgades, de villages aux petites maisons blanches, et que traversent de longues routes poudreuses, bordées de hauts peupliers. A la longue, le regard se fatigue de cette placide et somnolente uniformité, et c'est avec joie que, en longeant les falaises de Lévis, le touriste salue de loin la masse sourcilleuse du vieux Québec, et le superbe fleuve aux allures d'Océan sur lequel glissent d'innombrables navires.

CHAPITRE IX

Il pleut des feuilles. — Les *Biskris* de Montréal et de Québec. — Comment on se passe d'abonnés. — De quelques particularités du journalisme au Canada. — On demande des nouvelles des « hustings ». — Un pays de cocagne en perspective pour les duellistes. — L'homme aux deux cent mille francs.

L'une des choses qui frappent le plus le voyageur étranger qui traverse pour la première fois la province de Québec, c'est le nombre relativement énorme, par rapport au chiffre de la population, des journaux rédigés en français. Pour ne parler ici que de ceux qui ont déjà fait leurs preuves, et dont on peut prédire la vitalité, on n'en compte pas actuellement moins de trente-six, disséminés par tout le pays, dont dix sont quotidiens, et les autres hebdomadaires ou paraissant à des intervalles de deux à trois jours. Il y a en outre deux revues mensuelles, s'occupant de généralités, et plusieurs feuilles spéciales ouvertes à l'agriculture, au commerce, aux beaux-arts, etc.

A Québec et à Montréal, on est assailli dans les rues par une nuée de gamins qui, chargés de journaux, vous offrent leur marchandise avec force cris et gesticulations. « L'*Événement,* monsieur, prenez l'*Événement!* » vous hurle l'un de ces petits diables en courant à vos côtés. « La *Patrie,* voilà, voilà ! » fait un autre en vous poussant une feuille humide entre les doigts. Puis, c'est l'*Électeur,* la *Minerve,* le *Monde,* le *Canadien,* etc., que sais-je encore ? Vous n'avez de repos nulle part. Les infatigables petits camelots s'accrochent aux tramways, escaladent les bateaux à vapeur, grimpent sur le siége des voitures, se hissent aux fenêtres des wagons de chemin de fer. Un peu plus, et l'on croirait que tous les *Biskris* d'Alger se sont soudain abattus sur le Canada. Chez soi l'on n'est pas plus à l'abri de leurs persécutions. Bien souvent, lorsque rentré dans votre appartement, vous croyez avoir échappé pour un temps au tapage et au tracas de la rue, une petite tête embroussaillée, percée de deux yeux vifs et clairs, apparaît à travers l'entre-bâillement de votre porte, tandis que tout à coup éclate dans le silence de la maison le cri bien connu : « Lisez, lisez le *Monde*, et les détails sur le scandale politique du jour. »

Ce serait à croire que l'on a mis le pied dans le pays de cocagne des journalistes, et pourtant Dieu sait combien au Canada, plus que partout ailleurs, les ouvriers de la plume gagnent difficilement leur vie. Les fortunes à faire dans le métier sont encore à venir, et trois ou quatre directeurs, tout au plus, peuvent péniblement chaque année mettre quelque chose de côté. Le reste s'estime très-heureux quand il a simplement pu couvrir ses frais. Çà et là, un plongeon. Un beau matin, certain grand journal file et disparaît. C'est un désastre complet, que recouvre tout aussitôt la superbe indifférence du public. Il sait trop bien, en effet, ce public, tant est grande là-bas la rage d'écrire, que pour un journal qui meurt, on en voit surgir aus-

sitôt deux. Hier, c'était l'*Étendard ;* le lendemain verra paraître le *Drapeau* et l'*Oriflamme.*

Un exemple, entre plusieurs, des difficultés
attachées à l'état de journaliste canadien. Il n'y
a pas bien longtemps encore, l'« abonné payant »
était une rareté, quelque chose approchant du
phénix de la fable, une sorte de merle blanc
enfin, que l'on ne pouvait manier qu'avec des
soins infinis, qu'il fallait choyer, aduler sans
cesse au risque de le perdre. Aujourd'hui, la
situation est un peu plus riante, ce qui ne veut
pas dire qu'elle soit exempte d'incertitude, loin
de là. Les « payants » se sont faits plus nombreux, il est vrai, mais c'est toujours avec le
même serrement de cœur qu'ils délient les
cordons de leurs bourses. Surtout, n'allez pas
commettre la faute de leur demander de
l'argent, l'abonné du Canada, — chacun sait
cela, du reste, dans le pays, — ne payant que
lorsqu'il le juge à propos, et ayant par-dessus
tout horreur de se presser. Autrement, et pour
avoir oublié cette particularité, on risquerait
de se faire jeter le journal à la face, et de s'en-

tendre déclarer avec indignation qu'un « *client* » ne saurait continuer à encourager un « directeur » assez osé pour se permettre à son égard une telle impudence.

Ici le lecteur va se demander tout naturellement : « Mais alors, comment font donc pour vivre les journalistes canadiens ? » Je me souviens d'avoir entendu poser et résoudre cette question par M. Hector Fabre, qui fut lui-même, avant de venir représenter le Canada en France, directeur de l'un des rares journaux quelque peu prospères de ce pays. D'après M. Fabre, ce sont les propres amis politiques du journal qui, de temps à autre, donnent le coup d'épaule nécessaire pour le remettre à flot. Ils apprennent, un beau jour, que les rédacteurs aux abois en sont réduits au point de songer sérieusement à faire payer les abonnés récalcitrants, et alors, en tumulte, l'angoisse peinte sur le front, la cravate de travers, ils font irruption dans les bureaux, secouant le malheureux directeur, et criant tous à la fois : « Comment ! vous faites payer vos abonnés ! mais

vous voulez donc les perdre, — et nous avec!
Et généreusement ils payent pour les autres.

Comme on le voit, ce n'est pas là tout à fait
de la grandeur à la façon des héros de Plu-
tarque. En effet, il faut en faire son deuil :
au Canada, comme partout ailleurs, en ce siècle,
on n'entend laisser puiser dans sa sacoche
qu'avec la certitude de voir l'argent qui en
sort fructifier au centuple, comme les fameux
pains de l'Évangile. Quoi qu'il en soit, le fait
qu'il y ait encore, de pár le monde, des « amis
politiques » disposés à se saigner pour leurs
semblables, n'en resterait pas moins extraordinaire, s'il n'avait pas, d'autre part, son cor-
rectif. Le journal, au Canada, est, à quelques
exceptions près, subventionné en partie par des
coteries de politiciens qui s'en servent comme
d'un tremplin; on comprend donc que ceux-ci
soient disposés à bien des sacrifices pour l'empêcher de sombrer.

Et puis, il y a là, comme ailleurs, des directeurs de journaux, — ils sont en petit nombre,
heureusement, — qui ne dédaignent pas le

casuel, ce doux et cher casuel qui, pour le
chef de police en Russie, le mandarin en Chine
et le pacha en Turquie, aide à prendre en pa-
tience les coups de bâton de l'autorité, et rem-
place avantageusement les gros appointements
qui n'existent que sur le papier. Or les occasions d'augmenter ainsi les recettes quoti-
diennes du journal ne sont pas rares au Canada, pays neuf, où de larges champs sont
ouverts aux individualités, et où les hommes
et les choses changent et se renouvellent avec
une rapidité inouïe. Tel particulier, par
exemple, désire faire mousser une entreprise
de chemin de fer, tel autre une ligne de bateaux à vapeur. Un troisième, et celui-là est
généralement le plus recommandable, sollicite
des subsides du gouvernement pour l'exploitation d'une idée qui doit être le point de départ d'une industrie nationale. A tous ces gens,
il faut le journal pour agiter les masses en leur
faveur. Nous ne parlons ici que pour mémoire
du menu fretin des aspirants à la députation,
en quête d'un siége, et de l'immense troupeau

des désœuvrés qui briguent des situations dans les bureaux publics.

A donnant, donnant. On n'attache du reste à ces opérations aucun caractère de vénalité, car, dans l'opinion du plus grand nombre, le premier devoir du vrai journaliste est d'aider ses connaissances et amis. C'est là la fonction même du journal, vous dira-t-on. Et puis le moyen, je vous le demande, de ne pas se laisser aussi gagner, comme tout le monde, par l'attrait de ce demi-dieu, le seul souverain en Amérique, qui se nomme le « dollar », demi-dieu qui, rayonnant de New-York, alimente dans toutes les villes du nouveau monde une vie d'enfer, y tient les populations dans un état perpétuel de fièvre et d'affolement, y étouffe toutes considérations, et y apaise les ressentiments les plus enracinés? Que celui donc qui est sans péché...

D'ailleurs, le journaliste canadien espère qu'il lui sera beaucoup pardonné, non-seulement parce qu'il aura beaucoup aimé ses « amis », mais aussi parce qu'il n'entend pas faire de la profession de publiciste l'occupation de toute sa vie, et parce qu'il ne demande pas mieux que de saisir avec empressement la première occasion qu'on lui offrira de secouer la poussière de ses souliers sur le seuil des bureaux de rédaction. Le journalisme, selon lui, ne peut pas être appelé une carrière ; tout au plus est-ce une tribune plus retentissante que les autres, où il pourra se faire valoir avec plus d'avantage. Ceci s'applique aux audacieux qui désirent pénétrer, à la suite de la feuille volante, dans la grande arène des luttes parlementaires. Je pourrais citer ici des journaux qui, au Canada, n'ont été créés que dans le but d'assurer une élection, et qui, une fois cette élection terminée, se sont laissés aller tranquillement de vie à trépas, comme n'ayant plus de raison d'être.

Pour la plupart, cependant, le journal n'est qu'un vulgaire marchepied qui les aidera à se hisser jusqu'à une position lucrative ardemment convoitée. Chose incroyable, en effet, et bien que M. Labiche, dans le *Voyage de M. Per-*

richon, nous ait depuis longtemps mis en garde contre la reconnaissance des gens que l'on a obligés, il se rencontre encore par-ci par-là, au Canada, des « amis politiques » qui récompensent réellement les services rendus. En général, cette récompense revêt la forme d'une grasse sinécure où le journaliste, arraché au guêpier, coulera désormais des jours calmes et heureux, chaudement retiré dans son fromage. Est-il besoin d'ajouter, toutefois, que cela n'arrive qu'au petit nombre, et que le reste, toujours espérant, toujours attendant, demeure rivé au métier, comme le forçat à sa chaîne, jusqu'à ce que l'âge soit venu le forcer à prendre sa retraite ?

De ce peu d'attachement du publiciste canadien à sa besogne de chaque jour, et de la hâte continuelle qu'il éprouve de s'y soustraire résulte, pour lui, une situation d'un caractère tout à fait particulier, absolument inconnu en Europe, et qui n'est même pas sans causer parfois de réelles surprises au Canada. En temps d'élection, par exemple, deux

candidats rivaux, et briguant les suffrages du
même comté, auront décidé de se rencontrer tous deux sur les *hustings* du chef-lieu
afin d'en appeler à l'opinion des électeurs, et,
n'ayant pas assisté à cette lutte de discours,
vous êtes désireux de connaître le lendemain,
par les journaux, le plus ou moins de chances
de chaque concurrent. Vous ouvrez la première
feuille, — une feuille conservatrice si vous voulez, — qui vous tombe sous la main :

« Notre brave et vaillant ami, M. X..., y
lirez-vous, a rompu hier la mémorable lance
que l'on sait avec son adversaire, M. Z... C'est
assez dire que ce dernier a reçu là une raclée
dont il se souviendra longtemps. Vraiment,
nous ne saurions concevoir comment il oserait
encore se montrer dans le comté après une
semblable journée. Le fait est que ce pauvre
M. Z... y a été complétement pulvérisé. C'est
une rude leçon, bien méritée, du reste. Honneur
donc à notre ami, et que l'on se prépare à fêter
dignement son triomphe. »

Vous versez un pleur sur le sort de l'infortuné M. Z..., et vous entamez la lecture d'un autre journal, libéral celui-là, afin de voir en quels termes y est conçue l'oraison funèbre du candidat malheureux. C'est à en rêver, positivement. En effet, qu'y lit-on ?

« La belle et glorieuse journée ! Nous en sommes encore tout émus et transportés. Notre valeureux ami, M. Z..., a administré hier à son rival l'une de ces volées de bois vert qui comptent dans la vie d'un individu. Une exécution en règle, quoi ! Aussi, quelle malencontreuse idée avait donc eu M. X... de se présenter dans un comté comme celui de B..., lequel a toujours passé pour être le château fort du libéralisme canadien ! Aplati, annihilé pour toujours, M. X... Libéraux de tout âge et de tout grade, apprêtez oriflammes et lampions pour fêter, au prochain jour du scrutin, le triomphe de M. Z..., l'infatigable défenseur de vos droits. »

Après cela, n'est-ce pas, il n'y a plus qu'à tirer l'échelle.

Autre particularité. Tous les ans, à l'époque

des examens pour être admis à l'exercice d'une
profession, il est d'usage que le journaliste
canadien consacre ses plus beaux dithyrambes
aux fils de ses connaissances et amis, qui ont
obtenu de bons numéros. Cela se lit, à quelques variantes près, en ces termes :

« M. A..., le fils même de notre distingué
compatriote, a été admis ces jours derniers à la
pratique de..., après l'un des examens les
plus brillants dont ces messieurs de la Faculté
aient gardé souvenance. Les succès continuels,
précédemment remportés par notre jeune ami
au cours de ses études, nous étaient du reste
un sûr garant qu'il saurait entrer avec gloire
dans la noble carrière qu'il vient d'embrasser.
Dès ce jour, l'avenir le plus souriant s'ouvre
sous les pas de M. A..., destiné avant peu à
devenir une illustration et pour son pays et pour
ses confrères. »

A la lecture de cette note, le père se ren-
gorge, extrêmement fier, et peut-être alors,
l'émotion aidant, se rappellera-t-il que plusieurs
termes de son abonnement sont depuis long-

temps échus. Dans ce cas, c'est le résultat le plus clair et le plus heureux des pronostics du journal, car trop souvent, étant donné l'encombrement des professions au Canada, l' « illustration » annoncée à son de trompe ne peut que venir bientôt grossir les rangs des mille et un avocats sans cause, médecins sans clients et notaires interlopes, qui fourmillent aujourd'hui par tout le pays.

On devine, au peu de mesure de la louange, jusqu'où peut aller le blâme. En effet, on le pousse jusqu'aux dernières limites du possible; car, quoi qu'on fasse, il sera toujours plus aisé, pour ne pas dire agréable, de dilapider son prochain que de lui élever des autels. A côté des invectives violentes qui s'étalent parfois dans maints journaux canadiens-français, les plats les plus épicés, servis journellement aux lecteurs du *Cri du Peuple* et de la *Bataille,* paraîtraient fades et refroidis. Seuls, certains rédacteurs des États-Unis, en temps d'élection présidentielle, pourraient peut-être lutter avantageusement sur ce terrain. MM. Paul de Cassagnac et Carle des Perrières, s'ils vivaient à Montréal, en bondiraient régulièrement d'indignation tous les matins, et tous les matins, ils iraient décrocher leur meilleure rapière pour courir l'enfoncer, non moins régulièrement, entre les côtes de leurs adversaires. A la longue, ce petit exercice hygiénique finirait par rentrer dans le programme de leur journée, tout comme le *cocktail* apéritif d'avant le déjeuner et la côtelette saignante, sur le coup de onze heures. Aussi, comment imaginer, en France, que l'on puisse laisser sans réponse un bouquet d'aménités dans le genre de celui-ci, pris au hasard entre plusieurs, et dont ma mémoire a gardé, sinon l'enchaînement exact des mots, du moins le sens précis, en même temps que les épithètes les plus caractéristiques :

« Parce que vous ne pouvez rien trouver à redire à ma conduite publique, vous cherchez maintenant, lâche et misérable que vous êtes, à soulever le voile, sacré pour tout homme de cœur, qui recouvre ma vie privée.

« Infâme sépulcre blanchi, qui traînez vos turpitudes par tous les lupanars, est-ce bien à vous qu'appartient l'initiative d'une semblable démarche?

« Pour vous faire ainsi le champion de la morale, vous oubliez vraiment trop l'éclatante séparation de corps prononcée devant la cour, il y a quelques années, en faveur de votre épouse. Les motifs alors invoqués par elle me sont connus, et je pourrais tout à mon aise les divulguer ici. Je ne le ferai pas, par égard pour une sainte et digne femme et pour nos lecteurs.

« Vos menaces ne m'effrayent pas, et je vous crache à la face toute l'expression de mon mépris. »

Ce sont là manières de parler auxquelles personne ne prête attention au Canada, tellement les gros mots, par l'abus qu'on en a fait, y ont perdu leur véritable signification. Tout au plus, lorsque les coups sont mieux appliqués que d'habitude, les amis de l'« engueuleur » éprouvent-ils un petit sentiment de fierté bien légitime à

la pensée de posséder un rédacteur aussi crâne.
Le lendemain, l'article est tombé dans l'oubli.
Ou plutôt non, il en est un qui en conserve encore le souvenir : celui qui en a été le principal
objet et qui, dans le silence du cabinet, fait en
ce moment des recherches dans le vocabulaire
poissard, afin de renchérir l'un de ces matins
sur son adversaire. La multitude, elle, n'a fait
qu'assister à une dispute de cochers, et, l' « en-
gueulement » bien savouré a passé tranquillement son chemin.

Mais, à défaut du duel, défendu par la loi
anglaise, n'existe-t-il donc aucun moyen d'obtenir satisfaction pour les délits de presse ? Si,
il y a les tribunaux, mais on ne se résout
à y faire appel qu'à la dernière extrémité,
c'est-à-dire quand l'injure a été telle qu'elle
est de nature à nuire à quelqu'un dans sa fortune, dans l'exercice de sa profession ou dans
sa carrière politique. L'intérêt, comme on le
voit, est le seul juge en ces matières. Mais cela est
fort rare, car, encore une fois, le public canadien
est là-dessus d'une indifférence extraordinaire.

Il y a même de ces accusations qui, à force
d'être appliquées à la même personne, sont
devenues peu à peu d'une banalité désespé-
rante. Les jeunes rédacteurs les reçoivent,
avec les tiroirs à clichés, des mains de leurs
prédécesseurs. Ainsi, par exemple, il me souvient qu'un homme, haut placé dans la hiérarchie politique canadienne française, se voit
rappeler encore aujourd'hui, et cela depuis un
temps immémorial, qu'il lui est arrivé de
voler 200,000 francs dans les coffres de l'État.
L'accusation n'a pourtant plus sa raison d'être,
car il y a beau jour qu'on en a démontré toute
la fausseté. Mais il n'importe, et les adversaires
de l'homme en question n'en ont cure. Toujours, à époques fixes, l'écœurant cliché continue à faire son apparition. Il en est même qui
intitulent gravement leurs articles : « L'homme
aux 200,000 francs. » On se dit sans doute que
cela ne fait de mal à personne, pas même à
l'accusé qui y est habitué, et que peut-être
quelques-uns y prendront plaisir. Inutile,
n'est-ce pas? d'insister plus longtemps sur ce

petit détail de mœurs passablement piquant
des publicistes d'outre-mer.

Il est nécessaire et il est juste de faire re-
marquer que, depuis quelques années surtout,
ceux qui tiennent la tête de la presse canadienne-
française ne négligent aucun effort pour relever
le ton de leurs journaux. Les écarts regrettables,
dans le genre de l'échantillon ci-dessus cité, tendent aujourd'hui à se faire de plus en plus rares.
En même temps que le goût du beau langage, le
souci de bien écrire la langue française est aussi
devenu plus manifeste. Nombre de directeurs
font maintenant une guerre à mort aux an-
glicismes, et s'attachent avec un soin minu-
tieux à relever les plus légères incorrections
qui auraient pu se glisser dans leurs colonnes.
Les feuilles parisiennes les mieux rédigées leur
servent en cela de modèles. Il en est deux ou
trois qui publient, tous les samedis, des sup-
pléments littéraires très-soignés, à l'instar du
Figaro. Ce sont là certes autant d'indices des
plus heureux, et dont les Canadiens ne sau-

raient trop se réjouir. La couleur locale, sans doute, y perdra bien un peu, mais le prestige et la dignité de toute une importante classe de citoyens y gagneront, ce qui vaut bien la peine que les intéressés achèvent d'opérer cette petite révolution.

CHAPITRE X

L'HISTOIRE. — LA POLITIQUE. — LES HOMMES.

Après la conquête. — Les commencements du grand duel
parlementaire entre Français et Anglais d'Amérique. —
Guerres de 1775 et de 1812. — L'insurrection de 1837.—
Le Canada sous l'acte d'union de 1840. — La Confédération. — La hiérarchie parlementaire du Dominion. —
L'honorable Honoré Mercier. — L'honorable J. A. Chapleau.

Pour bien connaître les Canadiens-Français
de notre temps, et par là même pour bien juger
de leur patrie, de leurs aspirations, de leur
avenir, un peu de politique rétrospective est
nécessaire. Le Canada, du reste, ainsi que la
Hongrie, dont madame Adam nous entretenait
récemment en termes si vivants et si chaleu-
reux, est un des pays ou l'on parle le plus
politique.

Le lecteur peut se rassurer; je ne remon-
terai pas au déluge, mais seulement à l'année

1763, cette année si néfaste du traité de Paris, qui consacra la cession absolue, à l'Angleterre, de tout ce qui constituait auparavant la Nouvelle-France. Comme bien l'on pense, les quelque 60,000 colons d'origine française, que l'on abandonnait ainsi d'un seul trait de plume aux mains de l'ennemi, ne virent pas tout d'abord l'avenir se dessiner pour eux sous les auspices les plus favorables. Les Anglais, maintenant, commençaient à affluer dans le port de Québec, toujours de plus en plus nombreux, avides de jouir de leur conquête et résolus à faire durement expier aux habitants du pays les multiples échecs infligés jadis aux armes d'Albion. Cela pouvait ne pas être très-loyal, — car l'Angleterre avait juré, par écrit, de mettre ses futurs sujets canadiens-français sur le pied d'une parfaite égalité avec la population de race anglaise, — mais c'était dans tous les cas conforme à la nature humaine, et l'histoire du monde n'offre pas encore l'exemple d'une nation qui, en semblable circonstance, n'ait pas aussi quelque peu violé la foi promise.

Mais passons. Donc, et c'était naturel, les vainqueurs n'eurent rien de plus pressé, tout d'abord, foulant aux pieds les droits les plus élémentaires, que d'accaparer pour eux seuls la conduite des affaires et les fonctions publiques. Une première dictature militaire, — l'inévitable dictature à la Manteuffel imposée à tout peuple auquel le Dieu des armées a été contraire, — ouvrit les hostilités en rayant arbitrairement la clause du traité de Paris qui garantissait aux Canadiens-Français le libre exercice de leur religion et de leurs lois. Jusqu'en 1774, le code anglais eut seul force de loi. On pourchassa à outrance la langue française, et tous les moyens furent mis en œuvre par les représentants de la Grande-Bretagne pour substituer la religion anglicane au catholicisme.

Ce fut au Canada, durant toute cette période, comme une Terreur en miniature. Règne de traîneurs de sabres et de porteurs de grosses épaulettes, dont pas un Canadien ne peut aujourd'hui se souvenir sans ressentir aussitôt

dans tout son être un frisson, fait de sourde
honte et de muette indignation. Dans la colonie, la vie sociale semblait avoir disparu. Parfois seulement, pendant les noires nuits d'hiver,
le vieux château Saint-Louis, devenu la résidence du gouverneur, s'illuminait soudain là-
haut sur les rocs de Québec : il y avait bal
alors chez le seigneur du lieu. La *valetaille*,
massée au dehors, dans les resplendissants reflets qui s'échappaient des fenêtres, regardait
défiler pendant de longues heures, sous les bougies ministérielles, les majors et colonels pan-
sus du roi Georges qui s'amusaient à ses frais.

Tout le Canada de l'époque tient dans ce
tableau : d'un côté, sous les lambris du gouverneur, les officiers en habits rouges, luisants et
éclatants, rogues et hautains, gorgés et repus
jusqu'à la satiété; de l'autre, dans le froid de
la nuit, la multitude qui regarde en silence ces
lieux d'où elle vient d'être bannie, et qui, ne
pouvant rien contre les canons braqués sur elle,
se contente de se ronger les poings.

Et pourtant, quand on y songe, il est permis

de se demander si ce n'est pas à cette attitude
passive, qui pouvait sembler du découragement,
que les Canadiens-Français doivent de former
aujourd'hui un peuple vivace et distinct. Il
n'est pas que les coups d'épée qui témoignent
de la valeur d'un individu ; il y a aussi des
réserves héroïques.

En effet, que serait-il advenu, pour eux, d'un
semblant de révolte ? Sans aucun moyen de
défense, qu'auraient-ils pu pour l'attaque ? La
poudre et la mitraille anglaises eussent parlé,
et tous ces mécréants qui s'avisaient de se
plaindre eussent été impitoyablement balayés.
Au lieu que, ne les entendant jamais, les voyant
à peine, on sembla les ignorer, et les jugeant
complétement impuissants, on les crut destinés
à être englobés et à disparaître tôt ou tard dans
les flots de l'élément anglo-saxon, sans s'apercevoir que, tout au contraire, ils grandissaient
et se fortifiaient.

Car il en était ainsi. Déjà en 1774, quand le
cabinet de Londres jugea opportun d'installer
un gouvernement civil aux lieu et place du ré-

gime militaire, — toujours, bien entendu, sans interrompre l'œuvre d'anglification du pays, — les Canadiens-Francais présentaient un front serré et compacte aux envahissements de leurs adversaires. Bien plus, sous la conduite d'un clergé admirable de dévouement, ils étaient arrivés peu à peu à s'élever par une solide instruction jusqu'au niveau des plus hautes classes anglaises. Aussi, lorsque plus tard sonna pour eux l'heure si ardemment désirée, qui vit les premiers essais du gouvernement représentatif au Canada, cette heure-là les trouva-t-elle parfaitement initiés au jeu du mécanisme parlementaire et on ne peut mieux préparés à prendre leur part des luttes constitutionnelles qui allaient s'engager.

Ceci se passait en 1791. Entre temps, l' « habitant » canadien avait eu occasion de décrocher le vieux mousquet qui dormait aux solives de sa maison depuis les jours sombres des batailles d'Abraham et de Sainte-Foye. Washington, La Fayette et Rochambeau venaient d'emboucher le clairon retentissant de la déesse Liberté, et,

confiantes, les armées américaines s'avançaient
vers le Saint-Laurent pour aider leurs frères
français à déloger à leur tour l'Anglais détesté.
Alors se produisit un fait inouï. Le Canadien
avait juré fidélité à son conquérant; il voulut
tenir parole, décidé à épuiser jusqu'au bout,
avant que de montrer les dents, la mesure des
justes revendications. Épaulant tranquillement
son mousquet, avec le sourire aux lèvres du
devoir accompli, il tira l'une après l'autre
toutes ses balles dans le tas républicain, trouant
de son mieux le drapeau flambant neuf, aux
étoiles toutes brillantes d'espérance, de la jeune
République américaine. Celle-ci, se voyant si
mal reçue, donna l'ordre à ses soldats de rebrousser chemin; et c'est ainsi que grâce à l'é-
lément français, le Canada, entraînant à sa suite
une bonne moitié du continent nord américain,
put alors être conservé à l'Angleterre.

Le 17 décembre 1792, avait lieu à Québec
l'ouverture du premier parlement. De nouveau,
maintenant, comme au temps où Montcalm et
Wolfe, ces deux héros de l'épopée du nouveau

monde, engageaient le fer sur les hauts pla-
teaux d'Abraham, la lutte se dessinait âpre et
ardente, entre Celtiques et Saxons, pour la possession du Saint-Laurent. Seulement, cette
fois, c'était sur un terrain purement constitu-
tionnel : les uns voulant dominer coûte que
coûte, puisque enfin le pays leur appartenait
de par droit de conquête, les autres combat-
tant avec toute l'énergie du désespoir pour pré-
server leur nationalité. A mesure que les ordres
arrivaient de Londres de presser et d'activer
de toutes manières le travail d'anglification,
de toutes parts surgissaient parmi les Canadiens
de nouveaux défenseurs qui, la constitution en
main, cherchaient à battre les hommes du
pouvoir avec leurs propres armes.

Car ils avaient fait ce rêve de triompher
par la tribune, du reste le seul champ clos où
il y eût de sérieuses chances de succès. Un
journal français, — le premier, — parut, qui
s'intitula fièrement le *Canadien,* avec cette
devise en exergue : « Nos institutions, notre
langue et nos lois. » C'était en 1804. Trois ans

après, cette feuille recevait le baptême du sang :
un certain gouverneur, qui fut le Marat des
bords du Saint-Laurent, sir James Craig, pour
l'appeler par son nom, suspendit tout à coup
la publication, et fit mettre ses rédacteurs sous
le verrou.

Mais il n'est si forte semence de prosély-
tisme que la persécution. Loin de tomber,
l'agitation se propagea. Le Craig susdit fut rap-
pelé, et il n'en était que temps, car l'exaspéra-
tion des habitants, que rendait plus dangereuse
encore le voisinage des États-Unis, allait peut-
être porter un rude coup à la couronne d'Angleterre.

Puis 1812 survint, qui amena une heureuse
diversion en dirigeant l'attention publique vers
la nouvelle guerre qui éclatait en ce moment
entre l'Union américaine et son ancienne métropole. Comme en 1775 les armées de la jeune
nation voisine se répandirent sur les deux rives
du Saint-Laurent, et une seconde fois, elles
furent encore repoussées par les Canadiens-
Français après de sanglantes rencontres. L'un

de ces chocs est même resté légendaire : celui
de Châteauguay où le colonel de Salaberry,
nouveau Léonidas, défit, avec trois cents volti-
geurs seulement, un corps d'armée américaine
composé de sept mille hommes. Ce Salaberry
est celui qui, plus tard, vit son fils, devenu
officier anglais, tomber, pour ne plus se relever, sous le chaud soleil de l'Inde. Se pour-
rait-il, en vérité, trouver chose plus merveilleuse, dans l'histoire contemporaine, que ce
mélange de sang anglais et français versé pour
une cause commune, aux deux confins de notre
globe, et cela après les siècles d'entre-déchire-
ment dont Poitiers, Azincourt et Waterloo ont
été les points culminants!...

Mais 1812 ne fut qu'une trêve, une rapide
éclaircie; et bientôt, au Canada, les ressentiments de race et de religion, un instant apai-
sés devant l'ennemi, se réveillèrent plus impitoyables que jamais. De plus belle, les
gouverneurs se mirent à casser les arrêts
du parlement qui ne leur plaisaient point. A
tout instant, les Chambres étaient prorogées

selon le bon plaisir de ces despotes, et le pays
livré à toutes les inquiétudes d'élections générales, qui, bien que toujours favorables au parti
français, n'en étaient pas moins une source
d'agitations perpétuelles. Au mois de mai
1831, au plus fort d'une lutte électorale entre
deux candidats appartenant à chacun des deux
partis alors en présence, les troupes, appelées
un beau jour sous le prétexte de maintenir l'ordre, mais, en réalité, bien plutôt pour exercer
une pression en faveur du candidat gouver-
nemental, tirèrent sur le peuple, tuant deux
hommes et en blessant grièvement plusieurs
autres. Une crise était imminente.

Dans le but de conjurer la révolte que l'on
sentait gronder, les chefs du parti canadien
qui comptaient alors à leur tête un homme
d'une rare valeur, Louis-Joseph Papineau, réso-
lurent de tenter un dernier effort à l'aide des
moyens constitutionnels dont ils disposaient.
Un manifeste fut rédigé à cet effet, durant la
session de 1834, manifeste qui exposait à la
métropole, en quatre-vingt-douze paragraphes,

les griefs dont on avait à se plaindre. Ce manifeste, connu dans l'histoire du Canada sous le nom des *quatre-vingt-douze Résolutions,* fut appuyé de pétitions couvertes de milliers de signatures; puis on attendit.

On attendit en vain, et bientôt le bruit courut que le Bureau Colonial avait décidé d'opposer une fin de non-recevoir à ces légitimes exigences. Cependant, on l'a su depuis, ces réclamations étaient dès lors admises en principe, et la cause canadienne-française définitivement gagnée. Mais à cette époque, le temps n'était plus à la réflexion. L'explosion, qui couvait depuis tantôt soixante-quinze ans, éclata enfin. Un courant d'indignation, rapide comme une traînée de poudre, arracha l'homme des champs à son sillon et le citadin à sa profession pour les jeter tous deux en avant, tête baissée, contre le pouvoir établi. Plusieurs milliers se trouvèrent ainsi réunis du jour au lendemain, sans chefs, sans armes, sans munitions, sans organisation d'aucune sorte. Ce mouvement porte le nom de *Rébellion de* 1837.

Ce fut là-bas comme une seconde Jacquerie. Les insurgés se battirent avec rage, avec héroïsme même. Mais que pouvaient les faux, les fourches, les vieux fusils de chasse de ces preux, y compris — ô les pauvres braves ! — le seul *canon de bois* dont ils disposaient, que pouvait, dis-je, cet attirail de guerre d'un autre âge contre cette avalanche de fer et de feu qui se nomme une « armée régulière contemporaine » ? Ils furent vaincus, c'était écrit. Une première victoire, celle de Saint-Denis, n'était pas plutôt venue les combler d'une folle joie, que quelques jours après, ils subissaient un échec sérieux à Saint-Charles, et le mois suivant étaient complétement taillés en pièces à Saint-Eustache. Sir John Colborne commandait à ce dernier combat. De sa belle main blanche, il indiquait lui-même les points sur lesquels le feu devait plus particulièrement porter, puis les fusils s'abaissaient, tonnaient ensemble, et les rangs des patriotes s'abattaient par files, comme des épis mûrs sous le tranchant de la faux. Il en tomba comme cela en-

viron deux cent cinquante, fusillés selon toutes
les règles de l'art, par les deux mille « habits
rouges » de Colborne. Cette boucherie terminée,
le village entier fut abandonné au pillage et
aux flammes.

Sir John Colborne ne borna pas là ses exploits.
Longtemps il promena la torche dévastatrice
à travers les campagnes en deuil, ne laissant
partout sur son passage que des monceaux
de ruines et de cendres. C'est de là que lui
vient le sobriquet ironique de « Vieux Brû-
lot » sous lequel les Canadiens le connaissent
encore aujourd'hui. Puis ce furent des exécu-
tions, des déportations, des confiscations, fin
ordinaire de toutes les insurrections. Puis, un
beau matin, lorsque l'on eut bien brûlé, bien
pendu, bien déporté, bien confisqué, on
annonça à son de trompe que la société était de
nouveau restaurée. Comme à Varsovie jadis,
l'ordre régnait enfin partout.

Ici se termine l'une des trois grandes phases
principales de l'histoire du Canada depuis sa

cession à l'Angleterre. Ce qui distingue surtout cette première période, c'est l'hostililé ouverte, à l'état permanent, entre le pouvoir et la population de race française, hostilité toute naturelle qu'avait sans doute encore envenimée la création d'une Chambre haute nommée à vie par la couronne, et, comme bien l'on pense, entièrement composée de créatures du gouvernement.

Dans la seconde période, qui va de 1840 à 1867, nous voyons les ressentiments de race se fondre peu à peu, pour disparaître bientôt complétement. Il est vrai qu'ils n'avaient plus alors autant leur raison d'être. Tout d'abord la nouvelle constitution de 1840 — bien que défavorable en principe à l'élément français, et un peu trop inspirée par le besoin de châtier les révoltés de 1837 — venait d'accorder au Canada un droit inouï jusqu'alors : celui de se gouverner comme il l'entendrait. En second lieu, l'Angleterre, instruite par l'expérience, et se souvenant de ce qu'il lui en avait coûté autrefois d'avoir trop laissé s'appesantir sa main de fer sur les États-Unis, sentait maintenant s'éveiller

12.

en elle, par degrés, une tendre sollicitude à l'endroit de tous ces turbulents des rives du Saint-Laurent, qui se refusaient quand même à prêter le flanc à toute tentative d'absorption de la part de leurs vainqueurs.

Dès lors, les choses changent du tout au tout. Avec un art merveilleux, les chefs canadiens tournèrent peu à peu à leur profit l'instrument primitivement forgé pour les combattre, exploitant avec une habileté consommée toutes les ressources, si minimes fussent-elles, de la nouvelle Constitution. Bientôt, ces efforts étaient couronnés d'un succès qu'on pourrait presque qualifier de miraculeux. Un jour, aux applaudissements de la Chambre, il fut décrété que l'usage de la langue française serait rétabli dans tous les documents et délibérations du Parlement; autrement dit le français devait être mis dorénavant sur le même pied d'égalité officielle que la langue des conquérants.

Quelques autres mesures, aussi sages, bien que moins considérables, hâtèrent lo travail de pacification des esprits. Puis l'ère des grandes affaires s'ouvrit, laissant dans l'ombre les préoccupations politiques, emportant, roulant à son tour le Canada dans le même tourbillon vertigineux de colossales entreprises, qui faisait alors s'enfler démesurément les villes de la République américaine. Depuis plusieurs années déjà, Anglais et Français s'y regardaient de bien meilleur œil. Ils devaient faire davantage encore : ils se donnèrent la main, mêlant leurs aspirations, sans jamais se confondre toutefois, pour le bien de leur commune patrie. Ainsi se réalisaient les espérances des hommes d'État éclairés qui, en 1775, lorsque des offres tentantes leur avaient été faites pour prendre part à l'émancipation américaine, s'étaient toujours refusés d'y accéder, jugeant que l'annexion aux États-Unis ne pouvait que leur être funeste, et que si la nationalité canadienne-française devait un jour exister, en tant que peuple distinct et homogène, elle devrait cet avantage à la domination même de l'Angleterre, et cela, sans rien brusquer, par le cours naturel des événements.

Il semblerait que les Canadiens n'eussent plus alors rien à désirer. Et pourtant un triomphe, plus éclatant que tous les précédents, les attendait encore. Nous voulons parler de l'Acte fédéral de 1867, qui en faisant de la province de Québec un « domaine » à part, avec son parlement autonome, dans l'immense agglomération de territoires connue de nos jours sous le nom de *Dominion* du Canada[1], a consacré définitivement l'œuvre de leurs devanciers en même temps qu'il leur ouvrait, toutes grandes, les portes de l'avenir.

Dès ce moment, toutes les ambitions sont permises. Veut-on savoir, en effet, jusqu'à quel point l'Angleterre a étendu au Canada, en

[1] Le Canada se compose aujourd'hui des sept provinces d'Ontario, de Québec, du Nouveau-Brunswick, de la Nouvelle-Écosse, du Manitoba, de l'île du Prince-Édouard, de la Colombie anglaise, et en plus des territoires du Nord-Ouest; c'est-à-dire que, à l'exception de Terre-Neuve, il comprend toute l'étendue de pays sise entre les océans Atlantique et Pacifique, depuis le 52ᵉ degré de latitude nord jusqu'à la frontière des États-Unis. Sa superficie totale est évaluée à 8,987,907 kilomètres carrés, et égale à peu près celle de l'Europe entière.

Il est, depuis quelque temps, fortement question d'ad-

1867, l'exercice de la liberté? La plupart l'ignorent en France, et la chose mérite certes bien d'être connue, aujourd'hui surtout que les questions de politique coloniale préoccupent tellement les esprits.

En vérité, il eût été difficile à la Grande-Bretagne de pousser plus loin l'esprit de désintéressement. L'Acte fédéral de 1867 a fait virtuellement du Canada une véritable puissance, avec plein pouvoir de légiférer selon son bon plaisir, sans plus se soucier de la métropole que si elle avait cessé d'exister. Le tarif canadien frappe aujourd'hui indistinctement les tissus de Manchester et les soieries de Lyon. Le Parlement, siégeant à Ottawa, est le seul souverain[1]. Le gouverneur général même, qui

joindre une nouvelle province, la Jamaïque, au *Dominion* du Canada. Les habitants de cette île, l'une des plus riches des grandes Antilles, en ont fait formellement la demande, et des pourparlers sont présentement engagés, en vue d'une entente mutuelle, entre M. Salmon, d'une part, agissant au nom du Conseil législatif de la Jamaïque, et sir John A. Macdonald, chef du Cabinet d'Ottawa.

[1] La hiérarchie fédérale canadienne se décompose comme suit : 1° un Gouverneur général, fonctionnaire de la Couronne britannique; 2° un Conseil de treize ministres, choisis

est tout spécialement chargé de représenter les intérêts de la couronne britannique, n'oserait entrer en lutte avec lui. Quelle différence, n'est-ce pas? entre cette conduite si large de l'Angleterre, vis-à-vis d'une colonie, et celle que la France, éminemment centralisatrice, bureaucrate et paperassière, s'est toujours crue dans la nécessité d'observer dans les mêmes circonstances!

Le gouvernement d'Ottawa ne peut cependant exercer son contrôle que sur les matières seules qui ne sont pas spécialement dévolues aux provinces. En d'autres termes, et bien que ses attributions soient les plus considérables — législation pénale, douanière et commerciale, questions d'intérêt commun et de politique extérieure —il lui est absolument interdit d'intervenir dans les législatures provinciales pour

dans les rangs de la majorité parlementaire; 3° un Sénat de soixante dix-sept membres, nommés à vie par le gouverneur en conseil; 4° une Chambre des communes, où siégent deux cent onze députés, élus pour cinq ans au scrutin secret par les différentes provinces, qui y sont représentées proportionnellement à leur importance numérique.

tout ce qui est de leurs juridictions respectives.
De leur côté, ces législatures sont toutes-puis-
santes chez elles. C'est ainsi, par exemple,
qu'elles ont le contrôle exclusif des terres publiques comprises dans les limites de leur territoire, avec pouvoir d'en disposer à leur gré;
elles font leurs propres lois civiles, régissent
leurs écoles et leurs institutions de bienfaisance,
et décrètent même certains travaux publics.
Rappelons ici, à ce propos, que le Code civil,
actuellement en usage dans la province de Québec, renferme, à peu de chose près, toutes les
dispositions du Code français. Du reste, jusqu'en
1866, date de l'apparition du *Code civil du Bas-
Canada,* ce fut toujours sur l'interprétation des
Coutumes de Paris que les tribunaux basèrent la
jurisprudence civile dans le Canada français.

Comme on le devine, siéger au parlement fédéral d'Ottawa est le grand but, le but final de
tous les Canadiens, tant Anglais que Français,
qui se lancent dans la carrière politique. Pour
y arriver, les législatures provinciales leur ser-

vent en quelque sorte de stage. Ce n'est pas cependant que celles-ci manquent d'envergure, de brillant. Au contraire, et c'est même à Québec, entre autres, que s'engagent généralement les débats les plus émouvants, les plus prestement enlevés; ce qui se comprend du reste facilement, les députés y appartenant pour la plupart à la race française, et apportant, par conséquent, dans la discussion, un peu·de ce beau feu gaulois qui, chaque année, fait le désespoir des présidents du Palais-Bourbon.

A Ottawa, par contre, tout est grave, calme, reposé. Un peu plus, et l'on pourrait croire que le style gothique du majestueux édifice, où se tiennent les communes, a déteint sur les esprits. La grande salle des séances, surtout, avec ses sombres boiseries, ses hautes fenêtres à arceaux, produit l'impression d'une nef de cathédrale. On n'y marche pas, on s'y glisse, silencieux, recueilli. Chaque député parle de son siége, comme à Westminster, en s'adressant au *speaker,* ou président. La plupart du temps,

les paroles de l'orateur se déroulent uniformément monotones, avec quelque chose du débit
d'un ministre protestant qui commente un passage de la Bible à ses ouailles. Les moindres
éclats de voix vous prennent là dedans comme
un vague aspect de sacrilége. Aussi s'y en-
nuie-t-on ferme, et n'étaient les députés canadiens-français qui viennent secouer parfois tout
ce quasi-puritanisme, ce serait véritablement à
tourner au fossile. Il est vrai que, quand la
situation commence à devenir par trop intolé-
rable, on a toujours la ressource de se rendre
à Québec pour se donner des émotions. On
part alors, laissant derrière soi les grandeurs
solennelles d'Ottawa, par trains entiers, comme
pour une partie de plaisir.

Ceci m'amène à parler, en manière de con-
clusion, de deux Canadiens-Français qui, entre
autres, occupent actuellement au plus haut
degré l'attention de leurs compatriotes : M. Honoré Mercier, en ce moment le chef de l'opposition à l'Assemblée législative de Québec, et
M. Joseph-Adolphe Chapleau, promu tout ré-

cemment à la charge de secrétaire d'État pour le *Dominion*.

M. Honoré Mercier est un homme jeune encore — il dépasse à peine la quarantaine — à l'œil ardent, doué d'une belle voix claire et vibrante de tribun populaire, de celles qui à un moment donné enlèvent les masses et les entraînent irrésistiblement en avant. Les plaideurs — car M. Mercier est avocat — vont à lui tout droit chaque fois qu'il se présente quelque cause difficile à débattre. Avec cela un talent très-réel, qui partout ailleurs qu'au Canada — où les animosités s'acharnent avec fureur sur les gens d'élite — lui eût, sans contredit, permis de s'élever déjà jusqu'aux premiers rangs de la société. Mes compatriotes me pardonneront ici cette remarque, toute spontanée et naturelle, et qui s'impose de prime abord à tout Canadien qui, de ce côté de l'Atlantique, suit les affaires de son pays.

M. Mercier appartient au parti libéral, qui, au Canada, se rapproche plutôt des *whigs* anglais que des divers groupes républicains de

France. C'est assez dire que la différence avec le parti conservateur est assez minime. Il y a de cela quelques années à peine, au plus fort des débats soulevés par la construction du chemin de fer de la rive nord du Saint-Laurent, de Québec à Montréal, toute cette différence se réduisait même à de simples divergences d'opinion au sujet de l'emplacement de ce chemin. On était alors libéral ou conservateur, selon qu'on était en faveur d'un tracé de préférence à d'autres. Depuis, cependant, il y a eu une variante. Les conservateurs ayant jugé à propos de vendre leur chemin de fer à une compagnie de capitalistes, ceux-là seuls eurent le droit de se dire « libéraux », qui déclarèrent cette vente inopportune et imprudente. M. Prudhomme, on le voit, serait donc on ne peut plus malvenu de mettre son fils en garde contre la société canadienne, en l'avertissant que cette société est de celles qui dorment aujourd'hui sur un volcan.

M. Mercier a été choisi dernièrement comme chef de la députation libérale à l'Assemblée

législative de Québec, succédant ainsi à M. Joly,
autre vaillant lutteur qui fut même durant quelque temps premier ministre, et sous la direction
duquel se livra dans le temps plus d'un combat
homérique. M. Mercier a tenu à continuer les
traditions de son prédécesseur, et, en dépit du
peu d'intérêt des sujets sur lesquels il avait à
exercer son éloquence, il y a réussi merveilleusement. Il est du reste un critérium très-simple
pour en juger, critérium auquel en outre, di-
sons-le en passant, se reconnaissent les hommes
de marque : M. Mercier, chez lui, est à la fois
aimé et détesté cordialement. Pas de milieu :
ses partisans, ses amis, le portent aux nues, et
ses adversaires, je le crains bien, ne reculeraient devant aucune vilenie pour lui nuire.

J'ai quelque peu connu M. Mercier autrefois.
Un soir même — c'était durant l'hiver de 1880
— il me fut donné de le voir sous des dehors
tout à fait nouveaux, dont on ne se doute
guère généralement au Canada, et qui ne lais-
sèrent pas alors que de me surprendre infiniment.

M. Mercier venait de se charger d'un travail pressé — une conférence quelconque devant une société d'artisans — et je le secondais en qualité de secrétaire. Nous prolongions souvent, jusque fort avant dans la nuit, notre travail, l'entrecoupant de fugitives causeries, où le maître du lieu me charmait par toutes sortes de considérations impromptues sur les hommes et les choses de son temps. Parfois, il allait choisir un auteur favori sur les rayons de sa bibliothèque — surtout Girardin, dont il admirait beaucoup la belle prose lumineuse et les paradoxes piquants — puis il m'en lisait les passages qui l'avaient le plus frappé. Dans la maison endormie, au milieu de la petite bibliothèque bien close, les heures s'écoulaient ainsi, rapides, et pour moi inoubliables.

Or donc un soir que, par extraordinaire, nous avions abordé le chapitre de la littérature :

— Tenez! fit-il soudain, en se levant et en se dirigeant vers un coin de l'appartement où je l'avais toujours soupçonné d'enfermer ses trésors, voulez-vous que je vous dise ce qui m'a le plus ravi dernièrement?

Il s'était emparé d'un volume de Leconto de Lisle, les *Poëmes barbares,* puis en tournait fiévreusement les feuilles.

— Ah! voilà, enfin!

Il se mit alors à me lire cette pièce magistrale, l'*Agonie d'un saint,* où le poëte nous fait assister aux derniers moments d'un inquisiteur. La voix du tribun avait pris d'un seul coup, pour détailler ces vers d'une facture à la fois si robuste et resplendissante, des inflexions d'une justesse, d'une vigueur admirables. Visiblement l'homme se dédoublait, se transformait. C'était maintenant mieux qu'un homme d'État, c'était un véritable artiste, dans la vraie force du mot. J'ai beaucoup entendu depuis du Leconte de Lisle, et dans la lumière triomphante du grand jour serein, la seule, dit-on, qui convienne aux couleurs éclatantes de ce poëte. Et pourtant jamais je n'ai autant compris que ce soir-là ce qu'est l'auteur des *Poëmes barbares.* Ce me fut une révélation. Et moi qui, dans ma naïveté,

m'étais imaginé que la pratique des affaires
publiques desséchait irrévocablement le cœur,
et qu'un homme politique devait être nécessai-
rement insensible à tout ce qui pour lui ne se
traduisait pas en faits et en chiffres !

— Quel poëte superbe vous feriez, monsieur
Mercier, si vous le vouliez bien ! ne pus-je alors
m'empêcher de lui dire, quand il eut fini.

Il parut sortir d'un rêve, puis avec un gros
soupir, et souriant tristement, d'un sourire
plein d'amertume où se lisait plus d'un secret
désenchantemeut :

— Allons ! à notre besogne maintenant. Aussi
bien, c'est assez s'amuser.

Un dernier détail : M. Mercier est de ceux qui
se complaisent aux grandes choses, aux grands
événements, et qui aiment à frapper de grands
coups. Les situations nettes, tranchées, si possible même périlleuses, le séduisent et l'attirent.
Présentement il étouffe au milieu des stériles
luttes de là-bas, entre des partis qui ne diffè-
rent les uns des autres que par des nuances à
peine perceptibles. Ce lui doit être un désespoir

que d'être né sans doute trop tôt, pour assister au groupement en nation, qui se fera inévitablement tôt ou tard pour ses compatriotes d'Amérique. Second Bolivar, il eût été homme à prendre en main ce grand mouvement. Au pis aller, il doit se consoler un peu, en songeant que le jour n'est pas loin maintenant où l'Angleterre lâchera la bride sur le cou à ses anciennes colonies, et que, dans le premier tumulte de l'enivrement de l'indépendance, il y aura certainement pour lui moult coups d'épée à donner et à recevoir.

M. Joseph-Adolphe Chapleau, aujourd'hui secrétaire d'État à Ottawa, est, essentiellement aussi, un homme d'action. A peu près du même âge que M. Mercier, il possède ainsi que lui la large éloquence. Il a en plus un talent de charmeur tel, que bien souvent ses adversaires mêmes ont été en quelque sorte obligés de se retenir à deux mains pour ne pas en subir à tout jamais l'influence. Quand il m'apparut pour la première fois, avec sa fine

tête de camée antique, ombragée d'épais cheveux noirs jetés en arrière à la bohème, avec
ses yeux si spirituellement doux et tout pleins
d'effluves caressantes, avec ce je ne sais quoi
de grâce inimitable, auquel se reconnaît le par-
fait gentilhomme, je me sentis aller à lui tout
naturellement, sans efforts. J'ai entendu dire
beaucoup de mal de M. Chapleau, au Canada.
Je n'en crois pas un traître mot, tellement j'ai
confiance en ce premier mouvement instinctif
qui alors m'a presque poussé en avant pour
lui tendre la main. C'est certainement, quoi
qu'on en dise, l'un des Canadiens-Français de
ce temps dont on a le plus de raison là-bas
aujourd'hui d'être fier.

M. Chapleau, du reste, est fort admiré des
femmes, et ce sont encore celles-ci qui s'y
trompent le moins. Il en a été surtout follement
aimé, m'a-t-on raconté, au temps de sa première jeunesse, et je me l'imagine aussi parfaitement, étant donné qu'il possède, selon
moi, tout ce qu'il faut pour plaire à l'éternel
féminin. C'est une femme, aussi, qui l'a le

mieux deviné. Un beau jour, M. Chapleau recevait, comme Lamartine, l'offre du cœur d'une
ravissante Anglaise, enveloppé dans une énorme
liasse de billets de banque, et, comme le
chantre de *Jocelyn,* il accepta. Il ne s'en est
jamais repenti, et ils s'adorent toujours. Tous
deux voyagent beaucoup — les fonctions de
M. Chapleau nécessitant de continuels déplace-
ments — et ils passent ainsi, rapides, d'un
mois à l'autre, laissant à chaque fois derrière
eux, à travers l'Amérique en proie à la rage du
dollar, de longues traînées de bonheur rayonnant. On dirait une réédition de Philémon et
Baucis, mais ceux-ci accommodés au goût du
siècle, et préférant aux tranquilles promenades
dans les bois élyséens la puissante et vertigineuse envolée, par monts et vallons, du pull-
mann qui roule sur les rails.

M. Chapleau n'entreprend rien sans consulter sa compagne, devenue pour lui une nouvelle Égérie. Bien plus, on affirme que celle-ci
a été jusqu'à prendre les devants en diverses
circonstances. Il faut croire, d'ailleurs, que la

manœuvre a du bon, car jusqu'ici les résultats de cette collaboration se sont traduits par de nombreux et éclatants succès.

Maintenant, M. Chapleau n'aurait-il pas d'autre ambition que celle de devenir premier ministre du Canada, en remplacement de sir John A. Macdonald, qui va bientôt se trouver forcé, par son grand âge, à prendre sa retraite? Ne se serait-il pas, en lisant l'histoire, arrêté avec complaisance aux passages qui racontent la formation des empires, chez des peuples qui ont été jadis aussi jeunes que le sien, et dans lesquels on voit à plusieurs reprises qu'il n'est pas nécessaire d'être un guerrier pour conquérir un trône? Un trône! Quel gros et vilain mot dans la libre Amérique! Eh! pourquoi pas? *Nihil sub sole novum,* a dit le Sage, en un temps où l'on n'était pas blasé comme aujourd'hui sur les révolutions politiques.

CHAPITRE XI

Ils seront quarante millions. —Le prochain Empire franco-américain. — Probabilités de guerre civile. — Le désert sans l'homme. — Le Manitoba. — Le chemin de fer du Pacifique canadien.— Historique du chemin.—En route pour les montagnes Rocheuses. — La grande voie prochaine pour la Chine et le Japon.— Appel aux populations agricoles de France. — « France, à moi! »

Si rien ne vient entraver le mouvement de la population au Canada, les Canadiens-Français compteront, à la fin du siècle prochain, quarante millions d'âmes sur les cent millions que contiendra alors le Dominion. Selon toute probabilité, le nouveau peuple franco-américain occupera en entier à cette époque, outre le bassin du Saint-Laurent, ceux de l'Ottawa, du Saint-Maurice et du Saguenay, soit en tout quelque cinquante millions d'hectares; plus la péninsule du Labrador, les immenses territoires situés au nord des lacs Huron et Supérieur, et la plus grande partie des riches et plantureuses prairies qui de là se déroulent jusqu'à la rivière Rouge, dans le Manitoba. Il y a aussi de fortes raisons de croire que les deux provinces maritimes du Nouveau-Brunswick et de la Nouvelle-Écosse seront englobées tôt ou tard par la race française, et que même l'État limitrophe du Maine, appartenant aux États-Unis, n'échappera pas à cette invasion[1]. En jetant un regard sur la carte d'Amérique, on verra que la région en question — région au moins trois fois aussi considérable que la France elle-même — occupe toute la partie nord-est du nouveau monde septentrional comprise entre l'Atlantique, la baie d'Hudson et les grands lacs.

Selon le cours naturel des choses, et d'après ce que nous savons déjà des phénomènes ethno-

---

[1] Déjà l'influence considérable des Canadiens-Français de l'État du Maine a commencé à porter ses fruits. Dans le courant de l'année dernière, leurs votes prépondérants ont pu faire franchir l'enceinte de la législature du même État à deux de leurs compatriotes. C'est là un fait unique jusqu'ici, et dont on ne saurait trop, croyons-nous, s'exagérer la portée significative.

logiques du pays, c'est ainsi que devra se
constituer et se localiser la France américaine
de l'avenir. Un seul fait pourrait, sinon réduire
à néant tous ces pronostics, du moins quelque
peu les modifier, et ce fait, c'est l'éventualité
d'un conflit de races entre les deux groupes
principaux de la population canadienne, l'Anglais et le Français, conflit auquel viendraient
s'ajouter par la suite toutes les fureurs d'une
véritable guerre de religion. Or on sait par
expérience que celles-ci sont les plus longues
et les plus meurtrières. La foule aura beau se
dire que ce sont là autant de fantômes évoqués
par l'imagination, un gros point d'interrogation
ne s'en pose pas moins, hérissé et menaçant,
devant tous les Canadiens qui veulent regarder
en avant, et ce point d'interrogation, le voici :
Qu'arrivera-t-il, au Canada, alors que ce pays,
ainsi qu'un fils parvenu à l'âge d'homme, aura
été émancipé par l'Angleterre avec la liberté
de se frayer à son tour un chemin dans le
monde ?

Eh! mais, il devra survenir une chose très-simple, et dont on a de fréquents exemples lors des distributions d'héritages : une querelle. Tous les efforts des hommes d'État de l'époque devront tendre à l'empêcher de s'envenimer outre mesure. Mais sera-ce bien possible? Les Anglo-Canadiens voudront dominer, cherchant à attirer à eux les meilleurs morceaux, et travaillant à organiser un empire quelconque — république ou royaume, il n'importe — qui soit exclusivement anglais; et les Canadiens-Français de regimber alors tout naturellement et de refuser de se laisser dépouiller. On criera, on s'injuriera de côté et d'autre, les uns agitant comme sous Cromwell, pour mieux parvenir à leurs fins, le spectre de la domination papiste, et les autres sentant se réveiller leur vieille haine, un instant endormie, contre les conquérants de leurs pères. Et d'ailleurs, comment imaginer que la population anglaise puisse voir sans défiance grandir tout près d'elle, et prendre d'énormes proportions, cette descendance des premiers colons de Champlain qui, en dépit de tout, a toujours fait maison à part ; sans compter que très-probablement celle-ci pourrait bien à son tour éprouver le besoin de se tailler, comme dernièrement la Roumanie et la Serbie, une patrie qui fût bien à elle dans le grand domaine américain ? Bref, à moins d'un miracle, ambitions, rancunes et préjugés auront alors, au Canada, merveilleusement préparé le terrain pour un gigantesque Pré aux Clercs. Les mains se porteront d'elles-mêmes aux gardes des épées, et un beau matin l'on se réveillera en pleine guerre civile.

Et qu'on ne vienne pas dire, encore une fois, que ce ne sont là que des hypothèses. C'est une loi inéluctable, maintes fois constatée dans l'histoire, que les peuples se rassemblent, se groupent, se forment en faisceau, suivant des tendances et des affinités naturelles, contre lesquelles la raison même reste bien souvent impuissante. Or quoi de plus dissemblable que l'Anglais et le Français ? La langue, la religion, les mœurs, c'est-à-dire autant d'abîmes, les séparent à tout jamais. Espérer constituer, en

Amérique, une seule et même nation avec cet amalgame, est un rêve aussi chimérique que celui de la paix universelle du grand Hugo, une de ces utopies monstrueuses, comme seule la fin de ce siècle hardi en a pu concevoir.

Mais la nature humaine, elle, ne change pas. Ce qui est déjà arrivé arrivera encore, fatalement. Sophocle, Euripide, Shakespeare sont tout aussi vrais et vivants aujourd'hui que lorsqu'ils écrivaient leurs immortelles tragédies. A travers les siècles qui roulent péniblement les uns après les autres dans le gouffre de l'éternité, à travers les splendeurs, les tumultes et les bouleversements des empires, l'âme humaine seule reste immuable, toujours avec les mêmes passions, toujours et quand même vibrante, à travers le temps et l'espace, sous le souffle des mêmes joies et des mêmes emportements. Quand il sera devenu assez puissant, c'est-à-dire quand il aura atteint le chiffre de seulement dix millions — ce qui, au train dont vont les choses, ne saurait plus tarder longtemps — le peuple canadien-français devra proclamer son droit à s'affirmer, lui aussi, à la face du soleil, et à jouer son rôle dans la marche du monde. Ce sera tout simple, et la France, la première, tressaillira d'allégresse alors que flottera, au grand mât de la citadelle de Québec, le drapeau neuf de ceux qui, par delà l'Atlantique, entendent renouveler et continuer ses glorieuses traditions. Fasse le ciel, seulement, que cette révolution s'opère sans coup férir, et que ce nouvel empire ne se voie pas forcé de préluder, comme partout ailleurs, à sa consolidation, par des amoncellements de ruines et des flots de sang!

Et quel empire! De l'Atlantique au Manitoba l'on compte en ligne droite six cents lieues, dont à peine un cinquième est aujourd'hui en état d'exploitation! Le désert commence à peu de distance au nord de Montréal : un désert admirable, celui-là, et qui à mesure qu'on avance se fait plus profond, plus illimité ; un désert aux superbes forêts, aux lacs enchâssés comme des joyaux, aux belles rivières innombrables, aux cascades bondissantes, aux im-

menses prairies, dont les hautes herbes bleuis-
sent au loin sous la brise, comme les flots de
l'Océan. C'est là le désert, en effet, puisque jusqu'à cette heure l'homme y a manqué; c'est le
chaos terrestre dans toute sa beauté à la fois sauvage et vierge; c'est la création toute brute, aux
âcres émànations, s'épandant inutilement dans
l'infini, car les fleurs y naissent et meurent
sans que jamais un regard ami s'en réjouisse
ou s'en afflige, sans que jamais personne soit
là pour en respirer avec délices les parfums
captivants, ou pour saluer d'un dernier adieu
les tiges et les corolles déjà mordues par
les cruelles gelées d'automne. Et tout cela,
pourtant, depuis des siècles, verdoie comme
partout ailleurs en germinal, se dore ensuite
sous les chauds baisers de thermidor, puis
éclate et s'épanouit en vendémiaire, pour s'en-
dormir enfin dans les blancs enveloppements
de nivôse.

Et le Manitoba est loin encore d'être la
limite extrême des terres destinées, au Canada,
aux peuples de l'avenir. Il n'en est même réel-

lement que le centre, et comme le point de diver-
gence d'où devront partir, avant longtemps,
deux grands courants de population, l'un se
dirigeant vers le Pacifique, et l'autre vers
l'Atlantique, pour se rallier aux colons venus
des rives des deux océans. Aujourd'hui cette
province du Manitoba offre le spectácle d'une
activité extraordinaire et d'une *furia* américaine du plus bel élan. Des nuées d'émigrants
ne cessent d'y arriver, s'abattant par milliers
le long des bords fertiles de la rivière Rouge
et de l'Assiniboine. La capitale, Winnipeg, qui,
en 1871, ne comptait pas plus de deux mille
habitants, en renferme aujourd'hui quarante
mille, et le mouvement ne se ralentit pas.
D'autres villes, aussi, sortent partout de terre,
comme par enchantement. Aux endroits où six
mois à peine auparavant n'existaient que quelques huttes de défricheurs, surgissent soudain,
çà et là, des cités aux lignes majestueuses, avec
églises, banques, hôtel de ville, magasins, res-
taurants, sans en excepter le journal quotidien
de rigueur. Ainsi sont apparues Brandon,

Emerson, Regina, Edmonton, pour ne citer que les plus importantes et les plus caractéristiques. Et toujours le dieu dollar, poussant plus avant les flots grondants de la civilisation, exécute là-bas de nouveaux prodiges.

Il faut dire aussi que bien rarement région plus favorable ne s'est offerte à ses agissements. De la rivière Rouge aux montagnes Rocheuses, se déroulent cinquante millions d'hectares — l'étendue de la France — d'un sol d'une fécondité merveilleuse. Pas n'est besoin d'engrais ni d'alterner les semences, et malgré cela, le blé s'y récolte à pleins boisseaux. Le long de l'Assiniboine, entre autres, des moissons presque centuples des semences s'obtiennent sans efforts. Ajoutons à tout cela les ressources des fleuves et des lacs, les produits des forêts, et les immenses richesses minières et houillères qui s'y découvrent tous les jours.

Un fait a surtout contribué dans ces dernières années à faire apprécier ce beau pays. Nous voulons parler du chemin de fer du Pacifique canadien — l'une des entreprises les plus hardies de ce siècle — qui, lorsqu'il sera achevé, ne comptera pas moins de 4,650 kilomètres, de Montréal, sur le Saint-Laurent, à Port-Moody, point terminus choisi sur la côte de l'océan Pacifique. Une longueur totale d'environ quatre mille kilomètres est en ce moment prête pour le trafic, et l'on espère avoir entièrement terminé ce gigantesque travail en 1886. Déjà les montagnes Rocheuses sont franchies, et les équipes de manœuvres se sont répandues dans la Colombie britannique, luttant avec une persévérance opiniâtre contre les difficultés énormes rencontrées à chaque pas dans cette contrée, excessivement pittoresque sans doute, mais effroyablement accidentée, et par suite peu propice aux entrepreneurs de chemin de fer. Ainsi, par exemple, entre Emory et Boston-Bar, sur un parcours de trente-quatre kilomètres seulement, il a fallu tout récemment tailler vingt-six kilomètres dans le roc vif, percer treize tunnels, et jeter vingt-deux ponts de grandes dimensions ! Ailleurs, à l'endroit appelé

« Upper Kicking Horse », un tunnel de sept
mille pieds, quelque chose comme un second
mont Cenis, devra être percé à travers la montagne. Entre Kamloops et Port-Moody, situés
sur les versants opposés de la dernière chaîne
qui sépare le Pacifique de l'intérieur, il y a
plus de cinq cents ponts et viaducs.

Le projet de relier entre elles, par un
chemin de fer, toutes les provinces de l'Amérique britannique du Nord, date de 1867,
c'est-à-dire de l'établissement de la Confédération canadienne elle-même. L'un était
la conséquence naturelle de l'autre. Tout d'a-
bord, la nécessité s'imposait au gouvernement
du Dominion de frapper un grand coup,
pour utiliser, dans le plus court délai possible,
le nouveau et splendide domaine sur lequel
on venait de lui donner juridiction. Et puis,
de bon compte, qu'aurait-il servi de réunir
sous un même sceptre les populations éparses
çà et là sur toute cette immense étendue, sans
une grande voie de communication qui devînt
pour elles un lien de cohésion et pût leur per-

mettre de se rapprocher et de se connaître davantage?

Ce ne fut toutefois qu'en 1870 que le projet
d'un Transcontinental canadien fut définitivement arrêté. A cette époque, la Colombie, suivant en cela l'exemple du Manitoba, venait de
décider de joindre son sort à celui du Dominion,
mais à la condition expresse que le chemin de
fer projeté fût terminé dans dix ans. C'était bien
court; mais comme en Amérique on ne doute de
rien, et qu'au surplus l'argent ne faisait pas défaut, on se mit résolûment à l'œuvre. Un incident politique faillit d'abord tout gâter. Un
capitaliste célèbre, sir Hugh Allan, à qui le gouvernement venait de confier l'exécution des
travaux, commit la faute de s'aboucher avec
des agioteurs des États-Unis intéressés dans
la compagnie rivale du Transcontinental nord-
américain. On s'émut, on s'agita, on cria au
scandale. Bientôt même le cabinet d'alors, inca-
pable de résister plus longtemps à l'indignation
des masses, dut se retirer. Ce fut un désastre
complet.

Cela se passait en 1873. Cinq années s'écoulèrent ensuite, cinq années de délais, d'atermoiements, pendant lesquelles les successeurs du ministère qui s'était engagé aussi imprudemment firent l'impossible pour remettre un peu d'ordre dans tout ce chaos. Quelques menus travaux furent exécutés de ci et de là, et une première somme de quinze millions de francs fut dépensée en frais d'exploration. Néanmoins, tout le monde à peu près avait recommencé à se plaindre, les Colombiens surtout, qui, dans leur impatience, ne parlaient de rien moins maintenant que de rompre le pacte conclu en 1870.

Survint 1878, qui devait tout changer. Un nouveau cabinet, composé à peu près des mêmes hommes qu'en 1873, et, cela va sans dire, fort désireux à la fois d'éclipser ses prédécesseurs et de réparer les fautes passées, se jeta dans l'affaire avec une *bravura* qui dès le début promettait monts et merveilles. En effet, dès l'année suivante, un syndicat de capitalistes canadiens, aidé de quelques gros bonnets de

Londres et de Paris, signait à Ottawa une convention par laquelle, moyennant une subvention de cent trente millions de francs, dix millions d'hectares de terre, et l'abandon à son profit des travaux déjà exécutés, il s'obligeait à terminer le chemin de fer en 1890. Depuis, l'œuvre a été poussée avec une fougue qui ne saurait se comparer qu'à celle qui arracha, en 1869, tant de cris d'admiration aux citoyens des États-Unis, lors de l'achèvement de la voie de New-York à San-Francisco. Aussi, ce n'est plus en 1890 que les Canadiens pourront à leur tour poser le dernier rail de leur Transcontinental, mais bien en 1886, c'est-à-dire l'année prochaine même, quatre ans avant le délai primitivement demandé par le syndicat pour remplir ses obligations.

C'est au Sault-Sainte-Marie, sur le détroit qui relie les lacs Huron et Supérieur, que commence le voyage proprement dit à travers le Dominion du Canada, par le chemin de fer du Pacifique. De beaux steamers attendent là, sous petite vapeur, les passagers qu'amènent à toute heure les trains de l'est, pour la traversée du lac Supérieur jusqu'à Port-Arthur, point à partir duquel lo trajet se continuera tout le temps par terre.

Le steamer s'éloigne, pénétrant peu à peu dans le lac Supérieur. Bientôt les terres s'estompent et disparaissent dans le lointain, et le ciel et les eaux se rejoignent en un dais ininterrompu, comme en pleine mer. L'illusion est complète. Même les vagues, parfois, s'y font terribles. Ainsi, durant une journée entière, on va sur cet océan intérieur qui ne recouvre pas moins de cinquante et un mille kilomètres carrés. Le voyageur, enthousiasmé, commence alors à se faire une idée de l'immensité du pays qu'il parcourt.

A Port-Arthur, on dit adieu pour un temps au spectacle ordinaire de la vie civilisée, pour ne plus le retrouver en partie qu'à Winnipeg, dans le Manitoba. Cet intervalle se franchit en une vingtaine d'heures. Le train roule à travers une région pittoresque et sauvage, coupée de gorges profondes, de marais et d'innombrables

petits lacs d'un aspect enchanteur. Çà et là
un moulin à vent, auquel est adossée une
énorme cuve à eau, puis, tout près, deux ou
trois postes de télégraphe. Ce sont là des points
d'arrêt, affublés pompeusement du nom de
« gares » par les habitants du lieu. La locomotive y fait halte un moment pour se ravitailler,
puis repart dans un long sifflement qui déchire
de plus belle les échos de ces solitudes.

A Winnipeg, le paysage change soudain,
comme un décor de théâtre. C'est désormais la
« prairie », effroyablement monotone à la
longue, mais dont la vue, au sortir de la contrée qu'on vient de traverser, ne laisse pas tout
d'abord que de créer une diversion des plus
agréables. Tout autour, sans cesse, se déroul-
lent maintenant, sur une surface parfaitement
plane, des horizons indéfinis de hautes herbes
ondoyant sous le vent, par larges flots, avec le
mouvement d'une belle houle, calme et reposée,
de mer des tropiques. Et il en est ainsi, en
poussant toujours droit dans l'ouest, sur une
étendue de plus de deux cents lieues, c'est-à-

dire jusqu'au pied même des montagnes Rocheuses. On aperçoit seulement à de rares intervalles, en manière de jalons, excepté toutefois
l'Assiniboine et la Saskatchewan, quelques
minces cours d'eau lilliputiens, sur les rives
embourbées desquels se tiennent en permanence des quantités innombrables d'oiseaux et
volatiles de toutes sortes, surtout des pélicans,
des canards sauvages et des poules de prairie.

A la vérité, celui qui recherche seul l'effet
scénique éprouvera là plus d'un désappointe-
ment. Il y a cependant tout lieu de croire que la
perspective des millions et millions de boisseaux de beau blé doré, que cette région est
avant peu destinée à produire, est infiniment
plus à considérer qu'un joli site, pour le colon
qui y vient chercher le pain de sa famille et de
plus tenter d'y faire fortune. Et puis, d'ailleurs,
n'y aura-t-il pas, alors, une poésie d'un genre
tout particulier, dans le spectacle de cet énorme
grenier d'abondance croulant littéralement sous
le poids des gerbes?

C'est à Calgarry, situé à quelque treize

RIVIÈRE BOW, AU PIED DES MONTAGNES ROCHEUSES.

cents kilomètres de Winnipeg, que le touriste aperçoit pour la première fois les montagnes Rocheuses. Au loin, les cimes couvertes de neige brillent dans le ciel pur avec de doux scintillements d'argent. Le chemin de fer y arrive, par une pente qui se fait de plus en plus rapide, en suivant le cours capricieux de la petite rivière Bow, qu'il traverse à plusieurs reprises, tournant et retournant avec elle en tous sens. Plus d'un coin de paysage, entrevu à travers la vitre du wagon, tenterait le pinceau d'un artiste : d'un côté, des rocs cyclopéens d'une hauteur de plusieurs centaines de pieds, jetés là à profusion, pêle-mêle, débris de quelque bouleversement antédiluvien ; de l'autre, le torrent impétueux de la Bow qui, à mesure que l'on monte, descend, lui, tout blanc d'écume, dans un emportement de rage folle, emplissant de clameurs gorges et vallons. Sur tout cela, perçant même la nue, les sommets des Rocheuses, maintenant très-distincts, et qui ressemblent, selon la belle expression du poëte, à des « monarques couronnés de diadèmes de neige, sur des trônes de rocs, dans des robes de nuages..... »

On atteint ainsi Morleyville. Immédiatement après, la rivière Bow se rétrécit considérablement, jusqu'à ce que, à l'endroit appelé le « Gap », elle ne soit plus formée que de simples jaillissements sortis des fissures du rocher. Le train s'engage alors dans la Passe proprement dite, escaladant plutôt que gravissant une pente d'une inclinaison incroyable, entre deux rangs de montagnes hautes ici pour la plupart de sept mille à dix mille pieds au-dessus du niveau de la mer. Plusieurs de ces masses présentent des flancs effroyablement crevassés, qui semblent ravagés par des siècles de cataclysmes préhistoriques. D'innombrables cascades, formées par les neiges fondantes, descendent de toutes parts avec impétuosité, bondissant parfois, jusqu'auprès de la voie ferrée, d'un seul saut de plusieurs centaines de pieds, et produisant comme un bruissement continu de fontaines, délicieux à entendre dans ces solitudes âpres et dénudées.

A Canmore, la végétation éclate soudain avec une intensité inouïe. Jusqu'à la zone des neiges les sapins montent, touffus, inextricables, avec des ardeurs de séve de forêts des tropiques. Çà et là, seulement, s'aperçoivent, tranchant sur le vert sombre des bois, de longues bandes d'un nu grisâtre, profondément ravinées, et qui sont autant d'indications, comme en Suisse, des trajets parcourus d'ordinaire par les avalanches.

Plus loin, le mont « Castle Mountain » apparaît, dominant les pics d'alentour de sa masse imposante, et offre à l'œil comme une merveilleuse vision de forteresse géante d'un autre âge, avec créneaux, tours et parapets. Viennent ensuite Silver City, qui doit son nom à des mines d'argent d'une grande richesse, récemment découvertes, paraît-il, dans les alentours; Laggan, admirablement situé dans une vallée d'une grande fertilité, à proximité de quelques-uns des pics les plus majestueux de la chaîne des montagnes Rocheuses; puis enfin Summit City (la cité du Sommet), point où le chemin de fer atteint sa plus forte élévation,

quelque chose comme cinq mille trois cents
pieds au-dessus du niveau de la mer. Tous ces
différents endroits, comme du reste tous ceux
que longe, sur ces hauteurs, la ligne du Pacifique canadien, ne sont encore que dans la
période embryonnaire, particulière aux cités
neuves de l'Ouest américain. C'est-à-dire qu'il
n'y a encore là, à proprement parler, ni villes,
ni villages; mais bien plutôt de simples agglomérations de tentes et de huttes grossièrement
assemblées. En réalité, toutes ces cités nais-
santes, gratifiées de noms bien ronflants, pourraient encore actuellement, si la fantaisie leur
en prenait, plier bagage en une nuit et disparaître à tout jamais, tout comme, dans les *Mille
et une Nuits,* les palais enchantés d'Aladin.

A partir de Summit City, la voie du chemin
de fer descend rapidement : à trois heures de
distance, à la Passe de l'Aigle, elle n'est plus
qu'à 1,836 pieds d'altitude, et qu'à 1,439 au
passage de la rivière Colombia. Là s'étaient
arrêtés les travaux en septembre dernier.

On s'étonnera peut-être de l'insistance que nous mettons ici à appuyer sur maints détails relatifs à la construction du chemin de fer du Pacifique canadien. Le fait est cependant que ce grand travail, qui s'élabore là-bas en silence depuis des années, loin des agitations européennes, devra produire avant peu, sur une immense partie du globe, l'une des révolutions économiques les plus profondes qu'il nous ait encore été donné jusqu'ici de subir. C'est en réalité la voie la plus courte et la plus rapide qui va bientôt s'ouvrir au vieux monde pour aller en Chine et au Japon, ainsi qu'on le verra du reste suffisamment par les quelques renseignements suivants. De Liverpool à Québec, il faut neuf jours généralement; on en passe ensuite cinq sur le continent américain, puis quatorze ou quinze sur l'océan Pacifique. Soit en tout une moyenne de vingt-huit à vingt-neuf jours, des rives de la Mersey à la baie de Yokohama, et cela dans des conditions exceptionnelles de confort. L'avantage du nouveau chemin de fer canadien, sur la ligne de New-York et San-Francisco, se chiffre donc par une première différence de 1,234 kilomètres pour se rendre sur les bords du Pacifique, et par une autre différence de 1,722 kilomètres pour atterrir au Japon.

Tout près de Montréal, à l'endroit où le Saint-Laurent s'élargit pour former le lac Saint-Louis, il est un joli village qui se nomme Lachine. Cette appellation, qui peut paraître bizarre, a une origine des plus curieuses. Dans la pensée de Jacques Cartier, qui découvrit le Canada, le grand fleuve dont il remontait le cours devait lui faire trouver tôt ou tard une issue vers l'Asie, une voie quelconque surtout qui l'aidât à arriver en Chine, but suprême de son voyage. Aussi un jour que, soudain, lui était apparu le lac Saint-Louis, il s'imagina tenir enfin ce chemin si désiré, et, dans sa joie, sans plus tarder, il désigna du nom de « Lachine » le lieu où il fit une première halte. Plus tard, Marquette, Joliet et Cavelier de la Salle, dans leurs pérégrinations à travers l'Ouest américain, s'acharnèrent après la même chi-

mère. Mais était-ce bien, en réalité, une chi-
mère? Non pas, puisque bientôt le Transcontinental canadien va se charger de donner raison
à tous ces hardis explorateurs. Que cher-
chaient-ils, en effet? Nous le répétons, la route
la plus courte et la plus rapide vers l'empire du
Milieu. Or cette route, on l'a déjà vu, est aujourd'hui trouvée. On y aura mis trois siècles,
voilà tout.

Maintenant, c'est aux populations des campagnes de France que je m'adresse tout particulièrement, à ces populations si cruelle-
ment éprouvées depuis peu par la désastreuse
concurrence que leur font les agriculteurs américains. L'imposition des blés étrangers, de-
mandée tout récemment au Palais-Bourbon,
devra leur apporter, il est vrai, un certain soulagement. Mais il ne faut pas oublier que ce
n'est là qu'une simple mesure d'urgence, c'est-
à-dire un palliatif momentané, et que, comme à
la suite de tous les palliatifs, la réaction se
fera tôt ou tard, terrible, inévitable, fatale. La

marée des produits d'Amérique, un instant
endiguée, se répandra bientôt de nouveau sur
la France avec une force irrésistible cette fois,
car il est en tous points conforme aux saines
traditions économiques que la denrée qu'on peut
obtenir au meilleur marché finisse par avoir
ses entrées franches et libres. Et ici c'est le pain
même, c'est-à-dire l'article de nécessité première par excellence, qui est en question.

A tous ceux, donc, d'entre les agriculteurs
de France qui ont de graves raisons de redou-
ter l'avenir, je dirai : « Allez au Canada, si
toutefois vous vous décidez un jour à vous
expatrier. Mais que dis-je, vous expatrier! Ce
n'est pas exact, puisque vous trouverez là-bas
une seconde patrie, et des frères pour vous
recevoir à bras ouverts. Je sais, sur les rives du
Saint-Laurent, plus d'un village et d'un bourg
qui ressemblent à s'y méprendre aux hameaux
normands et bretons. Non-seulement on y parle
la même langue, mais on y vit aussi, en grande
partie, la même vie. Là, tout vous rappellera la
France, que vous n'auriez sans doute pas

oubliée, mais ce vous sera déjà beaucoup que de ne plus vous croire en exil. En un mot, il est certes d'autres contrées où, tout aussi bien qu'au Canada, vous pourrez acquérir rapidement le bien-être et la fortune; mais trouverez-vous ailleurs autant de conditions favorables de bonheur? Ce n'est guère probable; je dirai plus, c'est impossible. »

Je l'ai répété souvent au cours de ce volume, et je le dis de nouveau : la France ne connaît encore que bien imparfaitement le Canada. Bien des préjugés puérils subsistent encore sur ce pays, qui ne tiennent pas devant l'examen, par exemple, celui qui veut que le Canada, enseveli cinq mois de l'année sous une épaisse couche de neige, soit forcément alors la proie d'un froid tel que toutes les manifestations de la vie extérieure s'y trouvent suspendues. La vérité est pourtant que la moyenne pendant les trois grands mois d'hiver, au Canada, ne dépasse guère cinq degrés centigrades. J'ai raconté plus haut avec quelle intensité la vie sociale éclatait, là-bas, aussitôt la chute des premières

neiges. Les Canadiens aiment leur hiver si
sec, si vivifiant, et ne le changeraient pour
aucun autre. Les étrangers, aussi, finissent par
l'aimer comme eux. J'ajouterai qu'un hiver
d'une douceur anormale, et pendant lequel il
tombe peu de neige, est toujours considéré au
Canada comme une calamité, cette neige, si
redoutable en apparence, étant le préservatif le
plus efficace pour les plantes, qu'elle protége
contre la gelée, en même temps qu'elle dispose
admirablement le sol pour les travaux du printemps.

Que de faits erronés il y aurait à rectifier, si
l'on voulait! Mais d'autres ont, mieux que moi,
qualité et compétence pour le faire[1]. Je n'ai
voulu, moi, dans ces pages, que fournir au pu-

[1] Depuis deux ans, un Commissariat général du gouvernement canadien est établi en permanence à Paris, pour
tout ce qui concerne l'émigration. Celui qui occupe actuellement ce poste est l'honorable M. Hector Fabre, ancien
sénateur du Dominion, dont j'ai déjà eu l'occasion de parler
plus haut. M. Fabre est aussi le rédacteur en chef du journal *Paris-Canada,* fondé le printemps dernier dans le but
de donner un objet pratique aux relations d'amitié, jusqu'ici
purement platoniques, qui ont toujours existé entre la
France et son ancienne colonie d'Amérique.

blic de France quelques informations générales sur une contrée qui doit attirer à plus d'un titre ses sympathies, puisque ce sont des Français mêmes qui ont présidé aux débuts du Canada, et puisque c'est le noble sang de France qui a été la semence féconde de la jeune nation, aujourd'hui à son aurore sur les bords du Saint-Laurent. Je n'ai fait que céder, en écrivant ce volume, au besoin irrésistible qui pousse l'homme éloigné des siens à entretenir quelque peu ceux au milieu desquels il vit, et de ce qu'il sait et de ce qu'il aime le plus. Ce me sera certes une bien douce joie, si je puis inspirer, à ceux qui me liront, le désir et la curiosité de nous connaître davantage, et, que sais-je! déterminer peut-être plusieurs d'entre eux à aller, par delà l'Atlantique, partager pour de bon les destinées du peuple canadien-français.

N'est-ce donc rien, en effet, que de penser que l'on peut contribuer, soi aussi, dans une si faible mesure que ce soit, à l'éclosion de ce nouveau peuple! Depuis des années, loin des agitations de la vieille Europe, il se poursuit là-bas toute une épopée : c'est la montée, sûre et silencieuse, à travers les forêts et les prairies du nouveau monde, de la France transatlantique. Mais des difficultés sans nombre vont peut-être bientôt l'assaillir. Pour les surmonter, elle tourne en ce moment, de confiance, les yeux vers vous, et vous dit : « Vos cœurs, je ne vous les demande pas, je les possède déjà. Est-ce trop, cependant, d'espérer que vos bras, non plus, ne me feront pas défaut? J'ai de l'espace et du pain à satiété pour tous vos déshérités, vos nécessiteux. Venez et voyez. Plus nous serons nombreux, plus tôt nous serons puissants, et plus vite aussi brillera pour nous le grand jour de l'émancipation finale. De nouveau, comme au temps où le marquis de Montcalm, épuisé et sanglant, lançait ce cri de désespoir : France, à nous! je me tourne de votre côté, et, cette fois, avec la certitude d'être exaucé, je vous adresse à travers l'Océan cet appel, où je mets le plus pur de ma foi et de mon amour : France, à moi! »

FIN

TABLE DES MATIÈRES

CHAPITRE IV
QUÉBEC.

CHAPITRE V
LA SOCIÉTÉ. — LA LITTÉRATURE.

CHAPITRE VI
MONTRÉAL.

CHAPITRE VII
LA CAMPAGNE. — LA POPULATION. —
LA COLONISATION.

TABLE DES GRAVURES

PARIS. TYPOGRAPHIE DE E. PLON, NOURRIT ET Cᵏᵉ, RUE GARANCIÈRE, 8.

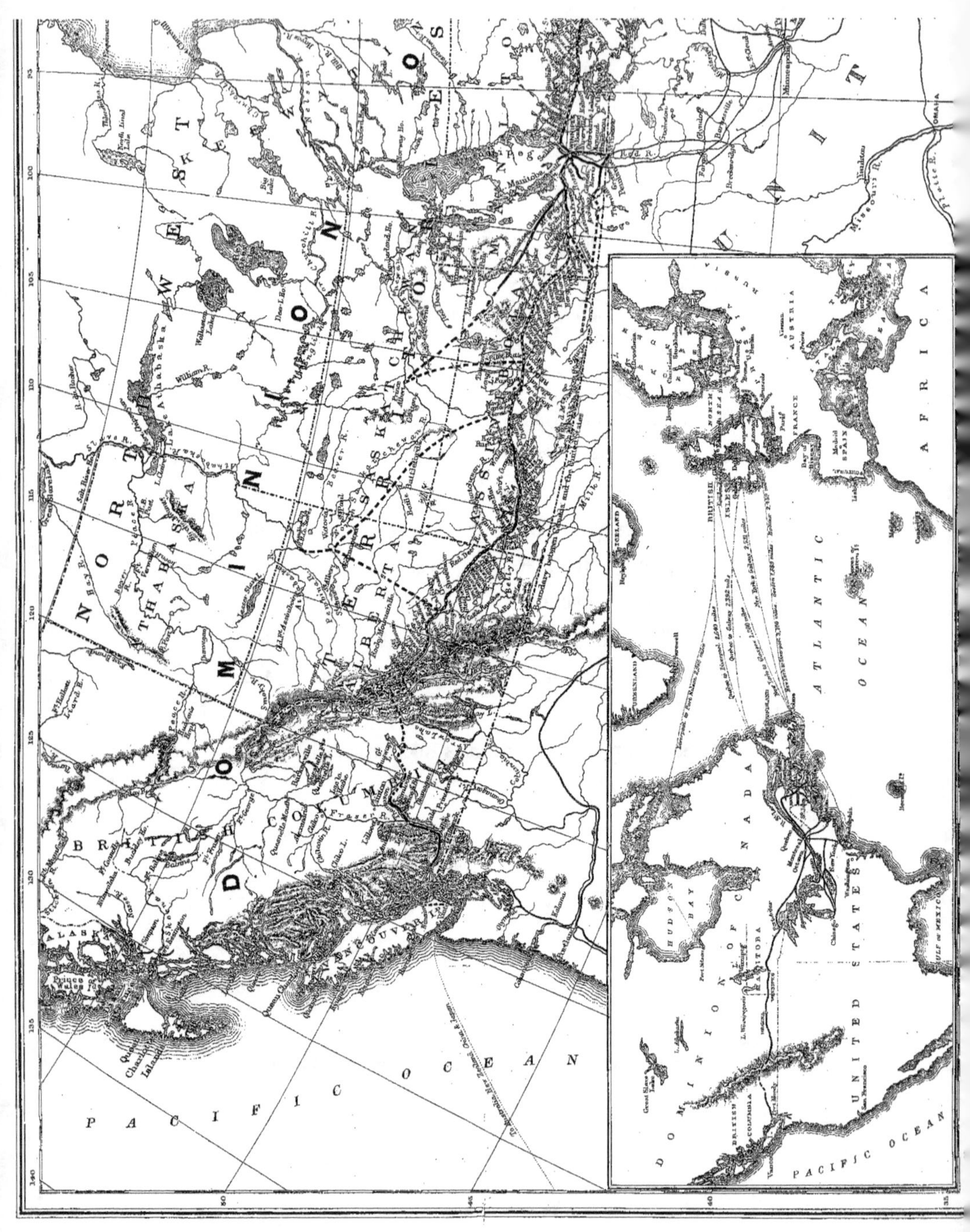

LE CANADA
RÉDUCTION DE LA CARTE PRÉPARÉE ET PUBLIÉE SOUS LA SURVEILLANCE DU
MINISTRE DES CHEMINS DE FER ET DES CANAUX (1882).
Milles Anglais.

www.ingramcontent.com/pod-product-compliance
Lightning Source LLC
Chambersburg PA
CBHW051531050726
47595CB00002B/443